你一定要懂的说话技巧

李世强◎著

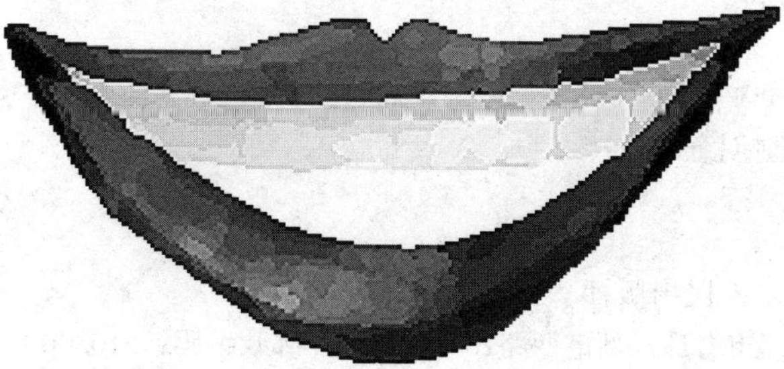

SPM
南方出版传媒
广东人民出版社
·广州·

图书在版编目（CIP）数据

你一定要懂的说话技巧/李世强著. —广州：广东人民出版社，2018.11（2020.1 重印）

ISBN 978－7－218－12489－6

Ⅰ. ①你… Ⅱ. ①李… Ⅲ. ①语言艺术—通俗读物 Ⅳ. ①H019－49

中国版本图书馆 CIP 数据核字（2018）第 181606 号

NI YIDING YAO DONG DE SHUOHUA JIQIAO

你一定要懂的说话技巧

李世强　著

出 版 人：肖风华

责任编辑：赵世平

封面设计：金刚创意

责任技编：周　杰

出版发行：广东人民出版社

地　　址：广州市海珠区新港西路204号2号楼（邮政编码：510300）

电　　话：（020）85716809（总编室）

传　　真：（020）85716872

网　　址：http：//www. gdpph. com

印　　刷：阳谷毕升印务有限公司

开　　本：787mm×1092mm　1/16

印　　张：15. 25　　**字　数：**220 千

版　　次：2018 年 11 月第 1 版　2020 年 1 月第 2 次印刷

定　　价：45. 00 元

前　言

我们这里所说的聊天，指的是一个人的谈话技巧。一个人的谈吐，往往可以反映出他的生活层次和个人修养；一个企业员工的谈吐，往往可以反映出一个企业的文化风貌；一个国民的谈吐，往往可以体现出一个国家的文化底蕴。因此可以说，聊天是很重要的一件事儿。大到治国、平天下，小到恋爱、升职、生活交际，都离不开良好的聊天技巧。

聊天这两个字，好像不难理解，做起来好像也很轻松，但要想拥有良好的聊天技巧，其实并不容易。每个人都有自己的固定思维模式，想靠三寸不烂之舌去改变别人的想法，并非易事。和亲戚、朋友、恋人交谈时，有话直说，丝毫不用拐弯就可以吗？如果你这样做了，最后会发现，你与亲朋好友之间会产生误解，或者会出现若隐若现的关系裂痕，甚至还会给彼此之间造成实质性的伤害。在对待同事、客户、合作伙伴时，你觉得只要真诚相待，就会赢得所有人的尊重吗？答案当然也是否定的。

石油大王洛克菲勒说："假如人际沟通能力也是糖或咖啡一样的商品的话，我愿意付出比太阳底下任何东西都珍贵的价格去购买这种能力。"柯达之父乔治·伊斯曼也说："人生的幸福就是人际关系的幸福，人生的成功就是人际沟通的成功。"沟通离不开口才，口才升华一下，就是我们所要谈的聊天技巧。聊天不仅是一项技术，一种能力，同时更是一门艺术。你越早掌握这门艺术，成功和幸福就会离你越近。

Contents

你 一 定 要 懂 的 说 话 技 巧

目录
Contents

Part 1

聊天是门技术，快快成为技术达人

Part 2

难以忘记，初次见你，一副迷人的表情

Part 3

会聊天的人，都能读懂对方的内心

Part 4

处处想着你，你才会慢慢地靠近我

Part 5

学会假装，越是糊涂人们越爱

Part 6

饭桌之上聊会天，会吃会喝更要会侃

Part 7

职场当中会聊天，你就是单位的一块宝

Part 8

商务聊天：第一次见面就搞定客户

Part 9
用言语温暖对方内心，你就是传说中的人人爱

Part 10
胸有成竹，方可聊遍天下无对手

Part 1

聊天是门技术，快快成为技术达人

自从人类有语言以来，就开始聊天，随着社会的不断发展，聊天所包含的内容也更加丰富。要想成为聊天高手，就必须刻意去学习。谁也不是天生就懂得聊天，摸索多了，很自然就会掌握这门艺术。

一句话能把人说笑，一句话也能让人跳脚

俗话说得好：“懂聊天的人才能会交际。”在聊天中，口才能显出一个人的真功夫。有的人懂得看场合、看人说话，把话说得很“上道”，不仅能得到别人的喜欢，达到自己的社交目的，还能保护自己。

在交际中，如果不懂交际语，就会陷入被动。得体的表达、大方的谈吐，既能展现自己的内涵，又能为自己的整体形象加分。

有这样一个小故事：

张琰跟朋友一起开了家画廊，里面有很多名画，前来观赏的人非常多，生意也蒸蒸日上。渐渐地，张琰名气在外，跟他来往的人也越来越多。

有一次，几个老朋友一起喝酒，其中一个喝高了，坐到张琰跟前，拍着桌子说“张琰老弟，我今天在你店里看上了一幅画。”

张琰一听，以为朋友要买，正估摸着给他一个优惠价。张琰还没来得及开口，朋友就说：“我看上了，你送给我行吗？”

张琰一听就愣住了，这个店是他跟朋友一起开的，自己也做不了主，而且那幅画价格不菲，他是断然不能白送的。

“画廊不是我一个人的，我做不了主。要不这样，我给你一个大优惠，你说怎么样？”

“如果要出钱，我还会去你那里买？咱们是朋友，不要谈钱，我就想要那幅画。”

那么多人在场，张琰一时不知如何是好，于是灵机一动，决定这么说。

“我先给你讲个故事吧，”张琰说，“从前有个吝啬的员外，非常小气。有次他想喝酒，就把酒瓶子给了下人，却不给钱。他告诉下人，不用钱就能买到酒才是本事。下人很无奈。后来拿着空瓶子回来了。他告诉员外，从空瓶子里能喝出酒才是本事。员外听了，无话可说。”

这个故事表达得很明白，讽刺了那些不想付出就想索取的人。朋友听了张琰讲的故事，心里瞬间明白了，再也不开口索取名画了。

※ 案例解析

张琰的故事讲得恰到好处，既没得罪人，又回绝了别人的无理要求。口才体现了一个人的综合素质，会说话才能把事办好。

我们经常说：“一句话能把人说笑，一句话也能让人跳脚。”因此不难看出，语言的魅力是非常大的。会说话的人能让效果变好，不会说话的人则会让人生厌。口才是门艺术，不同的说法，不同的表达，产生的效果也大相径庭。

在社交场合，有的人一开口就赢得了大家的注意，而且让我们不由自主地跟着他的话题走，连适当的反驳也说不出来。而有的人，一开口就是硬伤，不经意间就碰了钉子。这是为什么呢？这是由于后者完全不懂口才艺术，话拿过来就说，不经过大脑造成的。

口才好的人，哪怕是在批评对方，对方都能心悦诚服地听进去，这就是高超的口才艺术。掌握说话的方法和技巧，才能在交际中如鱼得水，游刃有余。

其实，说话有很多技巧和方法。同一个意思，被不同的人表达，效果就不同。因此，在平时要有意识地学习说话技巧和表达方式，站在听众的位置上，感受自己的话怎样说才能既不得罪人，又能让对方接受，这是基本原则。

另外，说话时还有很多禁忌话题是不能说的，如果不小心触碰了他人的雷区，你说得再对，他人也不听，甚至还会得罪人。例如揭别人伤疤、中伤他人等，都是不可取的。

当然，纵使自己再会说，能口吐莲花，也要管好自己的嘴。在交际场合，说话要三思而后行，不要不经过大脑说话，也不能喋喋不休。言多必失，那些真正的社交高手，话不多，但一开口就能说到点子上，这才是口才达人。

※ 聊天要点

一个人的说话方式，决定了他所处的层次。口才好的人，不论何时都会给别人一种机智、得体的感觉，赢得大家的喜爱，是最容易获得成功的人。

1. 在交际中要懂得说好场面话

在交际时，场面话是必须要说的，这不是狡诈和虚伪，而是礼貌。不会说场面话，会让交际变得很尴尬，自己也会很被动。

不说场面话，很容易举步维艰，让对方感觉你不真诚、不热情。当然，场面话也不是虚无缥缈的，尽量说得接近生活，让人感觉真实。

2. 说话要把握好分寸

谨慎说话，管住自己的嘴。灵活变化，轻松进退，三思而后行。

“祸从口出”是亘古不变的真理，管不住自己的嘴，说话没分寸，往往会得罪别人。如果引起对方的记恨，那就得不偿失了。

我经常给出版社投稿，和其中一家的一个编辑很熟，她叫李青。她平时为人热情，就是有些口无遮拦。有一次，一个客户来拜访，想更多地了解一下杂志。

李青非常认真，知无不言，言无不尽，把好的、不好的全说了。客户非常感激，临走时还夸奖了李青。

结果领导知道后却批评了她：“你说话有没有分寸啊？什么都说，客户会觉得我们明知道杂志有缺点还不改正，他肯定会不满意，你这个月的奖金没了。”

李青能说会道，但就是口无遮拦，把握不好分寸，这让她明里暗里吃了很多亏。

3. 聊天要学会投其所好

你说的话对方感兴趣，才能更好地在对方心里产生作用。当然，要想投其所好还要付出很多努力，做很多功课。了解对方的喜好、摸清对方的说话习惯等，这些都是必须要做的。

4. 说话时要避免忌讳的话题

“打人不打脸，揭人不揭短。”没有人想被别人揭伤疤、说缺点，如果说出这些，对方肯定会不痛快。

如果非要说缺点，也要掌握正确的方式，尽量说得委婉、含蓄，给对方留足面子。只有尊重别人，才能换来他人的尊重。

当有人遭遇尴尬时，我们要及时挺身而出，用精妙的语言化解，避免让对方受到伤害。

很多时候，大家都不会关注你做了什么，而是在意你说了什么。练就好口才，才能获得更多人的喜爱，才能建立更宽广的人脉资源，成为真正的交际高手。

学点幽默，此乃闯荡江湖的绝技

一位著名的学者曾经说过：“幽默是一种最有趣、最具感染力以及最具有普遍意义的传递艺术。”幽默具有强大的功效，幽默可以让来自五湖四海的人们都能感受到我们的热情，欢笑过后，原本紧张的气氛也会被一扫而光。一个懂得幽默并且能时时运用幽默的人总能交到更多的朋友，因为他给别人带去的总是欢声笑语，他将快乐分享给众人，而人们也总是愿意和快乐的人在一起。由此可见，幽默的人总能受到人们的欢迎。

在德国柏林举办的一次空军军官俱乐部宴会上，最尊贵的客人就是赫赫有名的乌戴特将军。大家在宴会上来回地敬酒，自然这位将军是被敬得最多的人。后来，在轮到一位年轻的军官时，他十分激动，竟不小心把杯里的啤酒都倒在了将军的头上。

大家看到这一幕时都傻了眼，不知道该怎么办。这时，坐在将军旁边的人急忙帮他擦身上的啤酒。可将军却摆摆手说：“这位兄弟，你觉得你的这种方法对我的头发有效吗？”大家愣了一下便都笑了起来。原来，这位将军是个秃头，他把自己这次挨淋自嘲为对方的一次生发方法，这不禁让在场的所有人都佩服乌戴特将军的幽默和大度。

※ 案例解析

可见，幽默不仅能将快乐分享，还能避免不必要的尴尬。尤其是我们在拒绝别人时，如果采用直接的方式拒绝，有可能别人会接受不了；但如果采用幽默的方式拒绝，那效果就不一样了。但是，幽默也要分场合，要有度，更要有合适的对象，因为幽默并不是简单地说几句笑话，而是一门艺术。

1934 年，“作家访问记”的专栏在《人世间》杂志诞生了。鲁迅当时也接到了该杂志的邀请信，信中邀约鲁迅前往该杂志社接受采访，并以书房为采访背景，再拍一张鲁迅与许广平、周海婴的合照。鲁迅的拒绝方式很幽默，他写了一封这样的信：

“作家之名颇美，昔不自重，曾以为不妨滥竽其例。近来悄悄醒悟，已羞言之。头脑里并无思想，寓中亦无书斋，‘夫人及公子’更与文坛无涉，雅命三种，皆不敢承。倘先生他日另作‘伪作家小传’时，当罗列图书，摆起架子，扫地欢迎也。”

※ 案例解析

从上例中可以看出鲁迅这种幽默的拒绝法是多么的智慧，我们不妨也多向他学习学习。

一个人想要幽默并不一定非要天生具有幽默细胞。只要在日常生活中多观察、多体验，就能学会如何让自己更具幽默感。起初，可以记住一些笑话，以备在需要的时候拿出来和大家分享。接下来，当有了讲笑话的经验之后，你就要让幽默感在自己的身体里生根发芽，同时还要注意自己的语言艺术。只要照此方法多加练习，慢慢地，你就会发现自己也可以成为一个谈吐幽默的人。

如果问这世上最好的缓和尴尬气氛的手段是什么，答案应该就是幽默了。

幽默作为人类智慧的产物，是在社会文化进步、生产复杂多样、人际交往随之复杂、有些语言不便直说等所引出的曲折的语言方式，渐渐形成幽默的语法。

俗话中便有许多幽默的说法，如两人争吵，有人评说“一个巴掌拍不响”，一听就明白，说的是发生争吵不应归咎于哪一位，而是两人都有责任。说某人“不卖油，光敲梆子”，人们一听就明白，是“只会说，不会干”的意思。

世界各国的人们都有着各自的幽默方式。记得作家马克·吐温说过：“戒烟最容易了，我就戒过200多次。”但人们一听就会明白，他说的是老也戒不掉！这种说法意思明白，又很滑稽，显然是经过艺术加工的语法，是创造性的语言，自然是出于智慧的。这就是幽默。

列宁曾经说过：“幽默是一种优美的、健康的品质。”正因如此，有人把幽默看作是一个人成熟的一种表现。我们今天的生活处处充满着压力，如果在沟通的过程中，让幽默充当调节氛围的调节剂。那时，沟通将更富于乐趣，更容易被别人接受。

※ 聊天要点

幽默并不是简单的说笑话，它是有语言要求的。假如你想尽快掌握幽默说话的艺术，做到说话有品位、有分量、有感染力，就要分步骤锻炼自己。

1. 加强学习、提高修养

知识丰富了，修养提高了，认识问题、分析问题的能力和判断事物、表达思想的能力就会跟着一起提高。这时，说出的话就会更有水准，能够一言切中要害，让别人入脑入心。

2. 勤于思考、全面总结

养成了勤于思考问题、多方总结经验的习惯，说出的话才能思维缜密，才不会言语偏激，对别人造成伤害。

3. 要学会“剪辑”

幽默出口之前一定要先经过大脑的过滤和剪辑，三思而后出口，这样说出的话才能达到良好的效果。

让你的嘴巴描绘出一个精彩的世界

人生中的成败有时候为说话技巧所左右。有一位国外名人曾说：“眼睛可以容纳一个美丽的世界，而嘴巴则能描绘一个精彩的世界。”法国大作家雨果也认为：“语言就是力量。”的确，会说话既是一门学问，也是一种艺术。

在一个杂志上看到过这样一个故事：

由于某单位要精减人员，所以必须裁掉给领导开车的两位司机中的其中一位。于是，对于这个岗位，两个人进行了一番竞争。

第一个司机说了很多，虽然面面俱到，但是不免累赘。他是这样说的：“要是有机会继续开车，我一定比之前更加用心，把车收拾得更加干净利落；一定严格遵守交通规则，闯红灯什么的一定不做；一定不会酒后驾驶，保证领导安全；开车时尽可能保证最大限度地省油……”

第二个司机的叙述简而精，只用了不到两分钟的时间。他说：“我遵守三条原则：第一，听得，说不得；第二，吃得，喝不得；第三，开得，使不得。我过去遵守着这三条原则，现在依然遵守着这三条原则，将来我也会毫不动摇地遵守这三条原则！”

经过这样一番比较，显然的，第二个司机是理想人选。为什么呢？首先我们来了解一下第二个司机说的这三条原则都是什么。所谓“听得，说不得”是指，领导坐在车上研究资料，打的电话，在正式公布之前都是保密的，若司机说了出去，就是泄密，是万万不能做的。所谓“吃得，喝不得”就是说，由于工作的关系，司机总会陪领导到处开会或者参观，当然必不可少的就是吃饭，但是必不可有的就是酒。而这里的“喝不得”就是说绝对不能喝酒，因为这是对领导安全的基本保证。第三条“开得，使不得”，意思是绝对不能私下动用公司的车，不贪小便宜，公私分明。第二个司机说话简洁明了，而且句句都说到了领导心里，怎么可能会被精减。

※ 案例解析

人的一生都在不断说话与倾听，关键时刻需要你站出来讲几句的时候，一定不能“掉链子”，否则，不仅影响你的形象，而且有可能断送掉你的美好前途。

苏格拉底曾做了这样的总结：“世间有一种能力可以使人很快完成伟业，并获得世人的认可，那就是讲话令人喜悦的能力。”语言是不可或缺的交际工具，它是思想的外化。生活在这个世界上的我们，离开语言将无从发展。数据显示，每人平均每天大概要说 1800 个词语。每天，一个人要说那么多话，而且事情越多的人，说的话肯定也越多。换言之，积极的人生态度就是敢于说话、善于说话。

※ 聊天要点

1. 聊天用语谦逊、文雅

如称呼对方为“您”“先生”“小姐”等，用“贵姓”代替“你姓什么”，用“不新鲜”“有异味”代替“发霉”“发臭”。如你在一位陌生人家里做客需要用厕所时，则应说：“我可以使用这里的洗手间吗？”或者说：“请问，哪里可以方便？”等。多用敬语、谦语、雅语，能体现出一个人的文化素养以及尊重他人的良好品德。

2. 聊天声音大小要适当

无论是普通话、外语、方言，咬字要清晰，音量要适度，以对方听清楚为准，切忌大声说话；语调要平稳，尽量不用或少用语气词，使听者感到亲切自然。

3. 聊天要多考虑对方的接受能力

我们应当尽量做到通俗易懂，切忌卖弄文采，说艰涩难懂的语言。

4. 不要多用“我”字

说话中老是“我”字不离口的人，一定是个表现欲很强而且挺自负的人。他不关心别人的事，不爱倾听别人的话，只关心自己内心的想法。这种人也一定不是个谦虚平和的人。

没有谁，天生就会聊天

聊天是一种常见的交际形式，更是一门技术活。所谓熟能生巧，没有谁天生就会聊天、第一次面对人就懂得交际。这是一门技术，它需要学习，更需多加练习，这样用起来才能得心应手。没事多和朋友接触，找机会练习交际技巧。

学会交际这门技巧，不仅要熟读交际学的书籍，还要会活学活用，使自己成为交际场上的交际高手。懂得交际并不表示你会运用它，学会了理论上的交际，还需要到真实的情景中去实践。

在一个杂志上看到过一个讲职场的故事：

李聪和孙莉都是刚毕业的大学生，是同时应聘进入同一家公司的。李聪在销售部做业务员，孙莉在人事部做普通文员。

李聪性格外向、开朗、健谈、豪爽，而孙莉性格内向、害羞、不合群、不善言谈、不善交际。

刚到公司不久，李聪就和公司各个部门的人都熟络起来了。哪个部门的同事结婚，他都会参加并随份子，哪个部门的同事过生日开Party，他也不会缺席。

李聪还主动组织自己部门的同事去游玩，去歌厅里K歌。公司大大小小的活动他都会参加，而孙莉却从不参加这些活动。

有一次，孙莉很羡慕地对李聪说："真羡慕你，那么懂人际上的事儿，什么场合、什么活动你都能参加。"

李聪和善地微笑着说："你错了。我和你一样刚大学毕业，一点社会经验也没有，也不懂得交际。但是正因为不懂，我才要参加大大小小的活动，从与同事和朋友的交往中学习、实践呀。"

孙莉明白了其中的深意，然后对李聪说："你真聪明。我还以为是你性格的原因，天生就有好人缘呢。"

李聪真诚地笑笑说："谁生下来就会交际呢？不都得多学习勤练习嘛。交际是门技术活，只有多练习才能熟能生巧。你得像我一样多和同事、朋友接触，多多练习交际这门技巧，才能真正学会交际。”

后来，在李聪的鼓励下，孙莉开始不断到各种场合参加各种活动，以此来练习交际的技巧。

※ 案例解析

在交际理论方面大有心得的人并不一定就会交际得很好。理由很简单，这种人缺乏实践。要想真正成为一名交际高手，就得在不同的交际场合练习。

交际是人与人之间的交往。所以要想学交际，你就得有交往的对象。与交往的对象互动起来，才能锻炼你的交际技巧，而且还能从对方身上学到更多的交际方式和技巧。

交际是一个互动的过程。你从书上学习交际理论，然后运用到现实中去，这就是实践。多实践几次，这就是练习。久而久之，交际的练习量达到了一定的数量，你在交际中就会有质的改变和飞跃。

我外甥女何欢是一个刚进入大学校门的新生。十几年的埋头苦读，让何欢变成了一个沉默寡言的女孩。当她进入大学之后，才意识到自己在人际交往中的欠缺是相当大的。所以，她下定决心要改变自己，让自己学会交际，这样以后到了社会上才能更好地与人交往。

何欢从同学和朋友中找到最擅长交际的苏悦，然后悄悄跟着苏悦学真人版的交际学。苏悦参加什么活动，何欢就参加什么活动。苏悦跟什么样的人说什么样的话，何欢就分析并研究苏悦的语言。同时，何欢还研究苏悦的行为、礼仪、穿着、面部表情等等。

何欢不仅学习苏悦的交际技巧，还在与人的日常生活交往中不断地去练习。她通过不断地学习和练习，慢慢地开始有了收获。

大学四年之后，当何欢即将进入社会之时，她在有意识地训练自己的交际中取得了成绩，成为一个实践中的交际高手。

※ 案例解析

要想学好交际这门技术，最关键的是需要平时留心，寻找机会不断地练习。就算你有好的天赋，却不勤奋练习，也照样不能学好交际这门技术。可见不断的练习才是达到精通交际的必经之路。

在社交中不断练习，学会交际，才能在社交中得心应手、运用自如，才能让交际成为你的事业前进中的推动力。

※ 聊天要点

交际需要有交往的人群，这样就形成了不同的交际场合。不同的场合可以学习并练习不同的交际技术。

1. 在办公室中练习

比如，在与上级的接触中要练习谦卑有礼、尊爱有加的交际；在与同事的接触中要练习平等互助、团结友善的交际；在与下级的接触中要练习体谅关爱、威严有度的交际。在这些交往中，都可以练习你从书中或别人那里学到的交际学。

2. 在聚会中练习

在朋友聚会中，你不能只接触与自己合得来的朋友。要和不同类型的朋友接触，这样才能让你的交际面打开，变得广阔，才能更大限度地运用学来的交际技术。

对不同的同事或朋友，要区别对待，也就是用不同的交际方式去交往不同的人。在这些不同的交际方式中，你可以练习到不同的交际技巧，还能从同事、朋友的身上学到他们各自独特的交际技巧。

3. 在家中练习

在家中，当你面对家人的时候，也许你会觉得不需要交际了，其实这是错误的理念。家人的性格也是各不相同的，你也需要选择不同的交际方式。恰当的交际技巧的运用，可以促进家庭的和睦、和谐。

4. 在商务交际中练习

在一些商务交际中，与你交际的人往往都是千差万别的。你要恰到好处地运用并练习交际技巧。这些商务交际场合，往往很注重一些大的礼仪、礼节。所以，这是练习这些礼节性交际的好机会。

交际技术的练习就是学以致用的过程。在交际中练习，再运用到交际中去，让你左右逢源、如鱼得水。

聊天，多聊才知道里面的滋味儿

自从人类有语言以来，就开始聊天，随着社会的不断发展，聊天所包含的内容也更加丰富。要想更好地适应，成为聊天高手，就必须刻意去学习。谁也不是天生就懂聊天，摸索多了，很自然就会掌握这门艺术。

虽然聊天是我们经常要做的事，甚至需要花很多心思，但也要坚持原则，如此才能把这门艺术学得漂亮。

平时我们不要抱怨人际关系太复杂，也不要因为自己不懂聊天而懊恼。事实上，没有人天生就懂聊天，更多的是需要后天学习才行。关键是我们要端正态度，用正确、积极的眼光看待聊天。

聊天是门人情练达的学问，几乎可以这么说，生活中方方面面都是与聊天分不开的。同事高升要庆贺、家有喜事要请客等等，都是聊天的一部分。

要想成为善于交谈的人，就要从平常的小事做起，学习礼节，懂得人情世故，掌握交谈主动权等，这些问题都是需要重视的。

当然，在不同场合聊天的具体内容也不一样，但其原则是一样的。

在交谈中，要用不同的模式去思考问题，做事灵活多变、不拘泥，才能做到游刃有余。不要一味彰显自己的能力，也不要咄咄逼人。进退自如，必要时后退一步反而更好。

在与人交谈时也要一视同仁，不要厚此薄彼，心里可以有侧重，但不能完全表露出来，这样会让人感到尴尬，甚至让别人记恨。

有时也许我们是无心之失，不小心说错了，为了避免犯错误，要从心里端正态度。

张倩过生日，请我们这些亲朋好友吃饭，结果当天下雪了，一半客人都晚点了。张倩很不高兴，一直看手表，她说："怎么回事啊？重要的人都还没来，真让人不高兴。"

我们这些已经来的客人，听张倩这么说，顿时就很尴尬，心里也不高兴了，这不是明显厚此薄彼吗？就这样，整个生日餐大家都吃得不痛快。

后来，张倩意识到这个问题，非常后悔。但大家对她的印象都不怎么好了。

※ 案例解析

在聊天中，我们要尽量一碗水端平，不要让大家觉得自己不重要、不受欢迎，这会大大影响你的威信，别人也很难再对你产生好感。

有些人，从来不考虑这个问题，不懂选择正确场合的重要性。很多人在沉闷的地方，心情都会感到郁闷。很多实验都证明，环境对人的心情有潜移默化的影响。

有一个公司的老板，朋友满天下，很多人一提起他都说："哇，那个人真的太有能力了，很多人都喜欢他，甚至把他当作知己。"

很多人都问过他有这么多朋友的秘诀，他稍稍透露了一下。每次跟朋友聚会，他总会挑很讲究的地方，氛围好又温馨，对方一来心情就大好；在谈判时，他尽量挑选明亮安静的地方，很多生意都是在这种情况下谈成的。

※ 案例解析

总之，选择对的交谈地点是谈话成功的有力保障。很多懂心理学的人都会注意这点，在交谈时，必然会在交谈地点上做文章。

※ 聊天要点

那么怎样才能学会聊天这门技巧呢？我们来看一下具体内容。

1. 在交谈时要记住别人的名字

别看这是件简单的事，其实很多人都做得不够好。每个人都希望得到他人的重视，首先就要记住对方的名字。

当别人喊出自己的名字时，立刻会让自己产生一种亲切感。我们会感觉，对方足够重视自己、尊重自己。在与其交往时，自然也会更顺畅。

总之，记住别人的名字是赢得对方好感最直接的办法，我们要善于运用。

2. 在交谈中要避免骄傲自大

聊天中给对方以优越感，自己适当谦卑一些，这样更容易给他人留下好印象。

骄傲自大的人很容易引起大家的反感。每个人都有自己的长处，也有自己的短处。要端正自己的态度，不能炫耀自己的优点，要客观看待自己和他人。

想要别人成为自己的朋友，首先要把别人当作自己的朋友，要让别人感觉到被重视。因此，我们不要自以为是，要多照顾他人的感受，多发现别人的优点。

3. 要学会灵活地选择聊天场合

聊天场合不拘一格，还要弄清楚对方的需求。很多时候，所选择的地方会直接影响双方的心情，如此自然也会影响谈资的质量。

4. 很多交谈都有必要的手段

有时交谈虚虚实实、真真假假，我们要学会分辨。在交谈中，不要轻易相信别人的承诺，当然也不要随意许诺。如果你只是玩笑话，但他人当真了，就会很麻烦，因此要尽量避免。

同时，也要分清他人是真的友好，还是仅仅出于礼貌。很多交谈的话都是不能深信的，点到为止即可。

在交谈时要准确记住他人的名字，给他人留下好印象；还要谦虚有礼，不能狂妄自大；也不能只按照个人喜好厚此薄彼，树立不必要的敌人；更要学会适应其中的虚虚实实，选择对自己有利的一面，从而既能达到目的，又能全身而退。

轻轻地让我告诉你，亲，是多么地有魅力

亲和力，是指一个人在与别人交往时，所散发出的让对方喜欢、佩服、赞赏的一种吸引力。亲和力有凝聚交往双方的力量，从而建立和谐友好的人际关系，使你在聊天中更有魅力。

亲和力在人际交往中非常重要，无论是在职场的竞争中，还是在商业的交谈中，或是在与异性的交谈中，具有亲和力的人总是占据更大的优势。努力打造你的亲和力，可以为你带来更多的好人缘。

看到过这样一个故事：

公司里有一个合作项目，需要张甜甜所在的公关部和要合作的公司洽谈。部门的领导们都跑断了腿，合作还是没谈成。后来这个任务交给了张甜甜。她接受任务的当天，合同就签下了。

合作公司的经理对公关部刘经理说："你们公司的小张真是太有亲和力了。她那张真诚甜美的笑脸给我留下了很好的印象，其他人可没有她那样的亲和力呀。"

刘经理回去后，专门为张甜甜通过自己的亲和力赢得合同的事情开了个会。他希望公关部的每个员工都要好好打造自己的亲和力，以便赢得更多的人缘，争取更好的业绩。

刘经理说："没有人会拒绝一张亲切的笑脸，小张灿烂的笑容感染了对方。事实上，即便对方最初的态度很冷淡，但是你的笑容可以影响他、改变他，让他喜欢你，觉得跟你很投缘。小张的笑脸就是她亲和力的表现，有了亲和力就能有更多的人缘。"

※案例解析

在交谈中，完美的亲和力是你在交际中获得更多人缘、维护良好人际关系的法宝。亲和力不是别人赐予的，而是我们自己努力打造出来的。

在交谈中具有完美的亲和力，就意味着你必须始终保持自信、乐观、阳光、积极的心态。体现一个人亲和力的因素有很多，对于大多数人来说，一些基本因素还是相同的。比如，融入集体、态度谦恭、团结友爱、和善温柔、真诚善良、能与人同甘共苦等，具有这些品质的人，一般也是具有亲和力的人。

培养亲和力才能广受欢迎，才能赢得更多的人缘。亲和力是聊天的综合体现。具有亲和力的人，一般都能主动掌控人际交往，在交往中占据优势地位；同时，也更容易被对方认可和接纳。

亲和力是你对人友好和善的表现。具有亲和力的人往往很容易在交际中吸引和感染对方。这种人的真诚、友善会很容易打动对方，具有亲和力的人很平易近人，会令对方在与之交往时感到很亲切，没有压力和不舒服的感觉，从而影响对方也采取相同的态度对待他。如果一个人在与人交往中表现得傲慢无礼、冷漠并充满敌意，那么就会使人感到不愉快，不愿意与他交往。

但是，如果一个人在交往中表现得羞涩、唯唯诺诺，这也不是亲和力的表现。亲和力不是退让，不断的退让并不能保证交际顺利进行。

我的朋友胡锋的朋友多，人缘好。在朋友圈里大家都觉得他为人处世非常得当，能够包容人包容事，有一种超凡开阔的气度。

一次，有一个哥们儿在胡锋的朋友郑钧那里说了他的坏话，想破坏胡锋和郑钧的关系。郑钧把这件事原原本本地告诉了胡锋，他觉得胡锋一定会骂那个人，并会找那个人对质。

胡锋听后淡定地一笑说："我俩做朋友也不是一天两天了，你信他的话，那今后就不用和我往来，如果你还相信我，我们仍然是朋友。"

郑钧听后，非常惊讶，原来胡锋是这样一个胸怀开阔的人。别人在背后中伤他，他居然能坦然自若。

胡锋说："大家都是朋友，何必无中生有地把关系搞得这么紧张？如果当面说破了，你失去了朋友的信任，我和他断了缘分，这样都不好。"

郑钧听后，非常佩服胡锋的气度。

※ 案例解析

其实，胡锋能够与朋友始终保持亲和关系，都得益于他对待朋友的宽容大度，从不计较朋友间的小事情。

※ 聊天要点

亲和力在聊天中有强大的吸引力，具有亲和力的人在现实生活中起着很重要的作用。拥有完美的亲和力，你会得到更多的人脉，交到更多的朋友，在人生的道路上也会更加顺利。

1. 在聊天中，拥有开阔的心胸是打造完美亲和力的方式之一

宽容的气度可以减少不必要的矛盾，营造舒适的人际环境，维护人际关系的和谐。心胸开阔的态度给人留出了情绪改变的空间，增强了你的亲和力。

2. 在聊天中，谦恭和善的姿态是打造完美亲和力的方式之二

交际中，谦恭和善的姿态是对别人的一种尊重，也是对自己品行的一种要求。通过这种姿态可以看出一个人的品格、境界和胸怀。

谦恭和善的姿态表达的是尊重、平易近人的态度，可以迅速拉近你与交际对象的距离，提升交际的融洽度，增添交际的亲和力。

3. 在聊天中，用亲切的笑容影响、感染对方是打造你的完美亲和力的方式之三

交谈中，亲切的笑容是留给对方最好的第一印象，是你所付出的最基本也是最重要的感情，在施展亲和力时能起到抛砖引玉的作用。亲切的笑容是开启成功交际的关键。只要灿然一笑，你就会赢来许多的人缘。

4. 在聊天中，亲切、温和、得体的话语是为你的交际增添亲和力的方式之四

话语不在于多少，而在于贴心暖心，在于恰巧说到人的心坎里。这样的话语可以使对方与你产生情感共鸣，营造和谐的交谈氛围。

5. 在聊天中，真挚地关心对方是打造完美亲和力的方式之五

再普通的人际关系，只要投入了你真挚的关爱、浓浓的真情，彼此的内心都会温暖起来。这样就会有更深的交往、更深的交流，感情就会越来越近、越来越深。

培养并打造你完美的亲和力在谈资中是很有必要的。这不仅会给你带来更多的人缘，还会成为你人生成功的决定性因素。

一张满面笑容的脸，胜过无数动人的话语

一个总是满脸笑容的人，往往比一个一脸严肃的人更善于表达，更容易打动人心，也更受大家的欢迎。在人际交往中，常常保持欢声笑语，可以让你更受大家的瞩目，更受大家的欢迎。

伸手不打笑脸人，没有人会拒绝与一个满脸笑容的人交往。让自己成为一个拥有灿烂笑容的人吧，这样你在人际交往中就会占据优势。你的笑容不仅能打动人、影响人、感染人，还能给你带来无限好运。

我有一次坐动车，看到他们宣传册中讲过这样一位乘务员的故事：

李美静是某动车上的乘务员。在大家眼中，她是一个以笑容打动乘客、打动同事、打动朋友的人。

有一次，车刚开动不久，一位乘客多次把脚放在对面的座位上。李美静上前去劝其放下脚。这位乘客不仅不听，还对李美静出言不逊。李美静没有与他争执，始终面带微笑地一次又一次劝解。最后，事情终于在李美静的微笑中解决了。

临下车前，那位乘客还找到李美静，惭愧地说：“对不起呀，乘务员，刚才我心情不好。你的微笑打动了我，你的服务态度影响了我。”李美静报以真诚的微笑说：“没关系。”

还有一次，一个孩子在车上嗑瓜子，把瓜子皮吐在了车厢的地板上，李美

静微笑着上前劝告。孩子没有反应，反倒是孩子妈妈生气了，还故意唆使孩子继续吐瓜子皮。李美静始终微笑着，边劝阻边扫瓜子皮。

乘客见李美静这样的态度，非常不好意思，然后让孩子停止了没有公德心的行为。

李美静用自己真诚的微笑打动了乘客，使乘客改变了不良的行为。她的微笑留给乘客深刻的印象，大家对李美静的评价都很好。

※ 案例解析

微笑是上帝赐给人类最美好的礼物，是一种令人愉悦的表情。面对一个满脸笑容的人，你会感受到他的自信、友好、乐观。同时，他这种积极的情绪也会感染你，使你油然生出自信、友好和乐观，从而很快和对方亲近起来。

在一些交际中，你一露出灿烂的笑容，许多问题都会迎刃而解，一切的关系都会因你满脸的笑容而变得亲切、融洽。你的笑容会带来许多意想不到的效果。在人际交往中，一定不要吝啬你的笑容。

要想在交际中取得很好的效果，获得好人缘、好关系、好人脉，那就必须养成微笑的好习惯。人与人相处，微笑可以使你的面容更美丽、更精致。你的笑容就是你最如意的橄榄枝，能把你的真诚、善意、友好传达给所有与你交往的人。

微笑不仅是为了别人，更是为了自己。面对生活，我们应该绽放灿烂的笑容。

当你在交际中遇到困难时，你可以思考一下，是不是因为你对人太吝啬了，没有付出你的笑容？

如果是这样的，那你就给自己印一张特殊的名片吧！这张名片上应该有这样一行字：世界因你的微笑而微笑。

很多人都不善于微笑，事实上，微笑也可以成为一种习惯。开始时，你可以练习着自己微笑，慢慢就会习惯成自然。

我看到过这样一个故事：

失业的张铎有一个缺点，就是总爱绷着一张脸，不苟言笑，对待家人、朋友、合作伙伴一向都是一脸严肃冷峻的表情。

现在，张铎完全像变了一个人似的，还成了一家报社的正式员工。在进入报社之前，他做过很多工作，也自主创业过很多次，但每次都失败了。

张铎找到了自己创业失败最重要的原因，就是不懂交际，在交际时缺少微笑，他决定重新开始打工学习，并成功应聘到现在的这家报社。

张铎给自己设计并印制了特别的名片。正面是姓名、联系方式、工作单位。反面是：世界因你的微笑而微笑！他每次递出名片时，总会真诚而友善地给对方以微笑。

一开始张铎很难改变自己严肃的表情，总是强迫自己微笑。他每天练习，面对着镜子笑、面对着家人笑、面对着朋友笑。时间久了，笑肌就练出来了。慢慢地，笑成了他生活中不可缺少的一部分了。

现在，他时常笑容满面、热情真诚，给许多人留下了良好的印象。短短一年的时间，张铎把报社的业务搞得红红火火，发行量剧增，并得到了老总的赏识。

※ 案例解析

在人际交往中，要学会自然的微笑。微笑是快乐心情的表现形式。自然而美好、亲切而真诚的笑才是完美笑容的表现。最好不要假笑、傻笑、伪笑。

在人际交往中，你的微笑得传达出你的真心诚意。人的笑容感受力和识别力是非常强的。一个笑容代表什么意思、是否真诚，人通过直觉是能很敏锐地判别出来的。所以当你对别人微笑时，一定要真诚。

真诚的微笑能让对方的内心产生美好而温馨的感受，使对方受你的感染而报以更加真诚的笑容，使对方的情感陶醉于愉悦之中，从而加深交往双方之间的感情。

在交际中，你的微笑要符合不同的人际关系和沟通场合。你的微笑要表达不同的意义。对不同的交往对象，要表达不同含义的微笑，以此传达不同的情感。尊重真诚的笑容应该是给长者；关爱的笑容应该是给孩子；爱意的笑容应该是给爱人，等等。微笑使人觉得你很友善，喜欢并愿意与你交往。不是任何场合都适合展示你的笑容。如果笑得不合适、不恰当、不适时，就会适得其反。

当你去一个庄严肃穆的场合，你就不能露出你的笑容，否则会招致别人对你的反感和厌恶。

※ 聊天要点

1. 微笑是一种内涵丰富的表情

微笑可以传递正面的能量，微笑可以消除人们之间的陌生和矛盾。当然，你的笑容必须是真诚的、发自内心的。

2. 微笑是最好的交流方式

微笑是真诚、友好、善意的标志。微笑可以化解矛盾和冲突，然后使关系变得简单、明了，可以调节人与人之间的关系，营造和谐、融洽的氛围。

3. 微笑价值连城

笑容是对他人表示的一种友好和礼貌，是对他人的尊重，也是自尊、自信的一种表现。多绽放你的笑容，并要使自己笑得恰如其分。这样才会体现你笑容的价值，让你在交际中成为最能打动人心的那个人。

Part 2

难以忘记，初次见你，一副迷人的表情

很多人认为认识一个人或者了解一个人需要更多更长的时间，而忽略了第一次见面时自己的言谈举止和衣着打扮。其实，当两个陌生人见面后，第一印象往往会影响你在对方心中的形象。

建造大楼，牢牢地打好地基

就像建造大楼要打好地基一样，要想与陌生人建立起谈话的关系，也要打好基础——主动向陌生人开口。主动开口的人，往往能够掌握谈话的主动权，使得整个谈话都顺着自己期待的方向进行，达到自己想要的目的。所以，在与陌生人谈话时，先开口并不会自降身份，反而能给你带来诸多好处。当然，由于与陌生人彼此不熟悉，各自有较强的防备心理等，主动向陌生人开口说话并不那么容易做到。那么，如何才能实现这主动开口的第一步呢？以下几种方法值得参考。

青年罗斯外出旅行，在火车上，他的旁边坐了一位美貌、文静的姑娘，让罗斯非常动心。怎样和这位姑娘攀谈，让对方注意到自己呢？罗斯不想让姑娘以为自己是在冒犯她，也不想让她看低自己。他知道，如果用一般的赞美之词去开头的话，可能会遭到这位姑娘的排斥。所以，罗斯并没有急着和对方打招呼，而是默默地观察她的一举一动。他发现，这位姑娘虽然沉默寡言但对窗外各式各样的建筑很感兴趣，她一直在盯着窗外看，有时还会拿相机将某个建筑拍下来。罗斯灵机一动，对姑娘说道："我想，您喜欢哥特式建筑吧！我们这一路，经过了不少具有哥特风格的古老建筑，它们的确很美！”那位姑娘眼睛突然一亮，转过身问罗斯：“你也喜欢哥特式建筑吗？我最喜欢那些古老的哥特式教堂！你呢？”就这样，一段有兴致的谈话便开始了。

※ 案例解析

罗斯找到了姑娘的兴趣点，和她建立起一段愉快的谈话，从而给自己创造了追求姑娘的机会。即使你和对方素不相识，如果你能够观察出其兴趣所在，建立沟通就不是一件困难的事了。比如，面对职场人士，你可以询问他在哪行高就；面对领着孩子的老人，你可以夸奖对方的孙子或孙女非常可爱；面对爱美的女士，你可以向她请教皮肤保养的方法……总之，你所说的话题，要符合对方的兴趣，不能“牛头不对马嘴”，这样才能顺利搭好和陌生人沟通的桥梁。

※ 聊天要点

1. 主动攀认

陌生人之间的沟通之所以比较困难，很大一部分原因是出于不熟悉、不了解，如果发现彼此有一个共同的背景或者都认识某个人，接下来的沟通就会变得容易一些。

例如，三国时期，赤壁之战前夕，鲁肃见到诸葛亮后的第一句话就是：“我，子瑜友也。”子瑜，就是诸葛亮的哥哥诸葛瑾。鲁肃是子瑜的挚友，他向诸葛亮表明自己的这种身份，那么就建立起了他和诸葛亮之间比陌生人更进一步的关系。这样，两人之间的距离就会拉近，沟通起来也会变得随意、顺畅。

2. 表达仰慕

当你面对的是一个名人，又想和他认识，那么要展开话题就需要从他关注的点下手。比如“您的作品真是太棒了，我读了一遍又忍不住还想读一遍”，还有“早就听说咱们社区住了一个艺术家，真是百闻不如一见！”听到别人对自己的仰慕与赞美，无论是谁，心中多少都会感到喜悦，从而降低防备和排斥心理，愿意与对方进行交谈。

3. 主动问候

如果你和对方的生活圈没有任何交集，对方也不是有名气之人，那么认识对方的方法就只能是主动打招呼，以求建立沟通关系。不过，这个主动打招呼也有技巧，不可贸然出言。先观察对方的细节，如穿着、打扮、年龄等，以此为起点，打开沟通之门。这样，成功率才会更高一些。

看清和陌生人谈话间的“三八线”

和陌生人聊天，心中要有一个清晰的“三八线”，明确什么问题该问，什么问题不该问，要牢牢地把握和陌生人说话的尺度。毫无顾忌地表达自我、品评事物是一件十分痛快的事情，但并不是和每个人都能肆无忌惮地说话。尤其在陌生人面前，说话就一定要前思后想、左右衡量之后，才能把话说出口。否则，不但沟通的目的达不到，还有可能得罪对方，导致不良后果的产生。

我侄女小江是一个化妆品推销员。有一次我和她吃饭，她向我讲述过一次她推销时遇到的尴尬事情。

一次，她在咖啡厅看到一个20岁左右的女孩独自坐着发呆，便走过去和她说话。

小江先开口说：“你来这里喝咖啡啊！我也经常到这儿喝咖啡，他家的咖啡还不错。”

女孩礼貌地点点头。见对方没有拒绝自己，小江又试探性地问道：“你平时都有什么消遣啊？喜欢玩些什么？”

女孩说自己不太爱玩。小江揣测对方一定是没有男朋友，否则不会一个人发呆。

于是，她准备切入主题，介绍自己的产品：“说实话，你的皮肤可是有点儿受伤害了。其实女人不怕长得不好看，就怕皮肤不好。不是有句话叫‘一白遮三丑’吗？你的皮肤白嫩了，整个人也就有气质了。到时候追求你的男孩子一堆一堆的，还愁没有男朋友吗？”

女孩听着听着，眼神就有点儿不对劲儿了，她站起身，瞪着小江，声音提高了八度：“你这人怎么说话呢？我皮肤怎么不好了？谁说我没有男朋友啊？我看你才是没有男朋友的样子呢。得了得了，你别给我介绍了，我没空听你介绍这破产品！”

说完，女孩甩身离开了，留下小江一个人接受周围人异样的眼光。不用说，这时整个餐厅的人都不会有兴趣听小江介绍她的“破产品”了。

※ 案例解析

我侄女小江的经历正好验证了一句话——东西可以乱吃，话不能乱说。对于一个年轻女性来说，被别人说不漂亮、皮肤不好是一件很忌讳的事情，而“没人追”之类的话，则更是令其感觉备受侮辱。这样的沟通方法，怎么能让对方乐意与之继续交流呢？由此可见，跟陌生人说话，一定不能抱着“试试看”的心理，只有找准切入点，“对症下药”，才能让对方乐于接受。

我一个小妹妹蔡瑜毕业没多久，就来到我这个城市打拼。她刚租好房子时，我和她一起搬家。那是一个合租房。我们刚搬进去，正在忙着收拾屋子，突然听见门口有人跟我这个小妹妹打招呼：“你好，听房东说你叫蔡瑜，真是个文雅的名字。你是哪里人呀？”

蔡瑜扭头一看，是个陌生的男子，看着倒还和善，回答道：“你好，我来自洛阳。”

“原来是来自古城的，怪不得呢！那你的工作也一定很有文学气息吧？”

“不啊！我是做经济贸易的。”

“听说这行特别挣钱，你工资挺高吧？月薪能上万吗？”

蔡瑜一听立刻尴尬地低下了头：“啊……我刚从事这行没多久，还在实习期呢！薪水嘛，也就……”蔡瑜越说脸色越不好看，最终没有说出那个数字，而是说声“我要收拾屋子了”，就关上了房间的门。我听完他们的对话，笑着摇了摇头。而男子站在门外，似乎意识到自己打探得太多了。

※ 案例解析

对于很多人来说，薪水绝对属于个人隐私。在人际交往中，“薪水”也是一个雷区。薪水网站的高级副总裁比尔·科雷曼说：“讨论薪水高低所带来的后果是，无论怎样，永远都会有一个赢家和一个输家，总会有人感到自己受了伤害。”在上面的案例中，蔡瑜就在男子不合时宜的问话中，感觉到了自己和一般同行的差距，从而产生自卑、难过的心理，自然也就对问话的人产生了不好的印象，因此立刻结束了谈话。

从另一个角度来说，随便询问别人的工资，也好像在打听其财产，显然会让对方产生不安全感。因此，对方的收入情况绝对是谈话中的一个“雷区”，我们要注意躲避，千万不要触发对方的不良情绪。除了薪资之外，对于很多人来说，情感问题、家庭关系、个人生理、特殊爱好等，都属于比较私密的话题，我们在谈话的时候应该尽量避免涉及。

※ 聊天要点

1. 先了解对方

要先对陌生人进行必要的了解，没有把握的话不要乱说。如果你在不了解对方的情况下，对着一个陌生人大肆贬损某个行业，而眼前的人恰好从事这个行业。可想而知，谈话是无法进行下去的，你也难以给对方留下好的印象。

2. 聊天不要漫无边际

跟陌生人谈话不要长篇大论、漫无边际，要适时切入主题。一般来说，我们不会平白无故地和陌生人交谈，而通常都有一定的目的。这种情况下，虽然不能上来就直奔主题，但也不要绕得太远、作太长的铺垫，这样对方很可能还没有听到你谈话的重点，就已经没有兴趣了。

3. 不要随便打探隐私

现代人越来越注重个人隐私，有时在自己的家人、好友面前尚且不愿意公开谈论，当然更不会愿意告诉第一次见面的陌生人。因此，如果想要和陌生人建立起沟通关系，就不要随意打探对方的隐私，否则很有可能触怒对方，从而失去和对方沟通的机会。

总之，和陌生人说话一定要带一杆“秤”，想说某个话题之前，先衡量一下，“太重”的话题往往涉及对方的隐私，我们还是免谈为好。

打好“第一印象”，对方从此忘不掉我

很多人认为认识一个人或者了解一个人需要更多更长的时间，而忽略了第一次见面时自己的言谈举止和衣着打扮。其实，当两个陌生人见面后，第一印象往往会影响着你在对方心中的形象。

亚瑟是美国心理学家，他的有关第一印象的研究显示：今后形成的印象往往与第一印象一致。

我以前的单位有一个技术人员，大家叫他小白，他也算是“白领”一族，工作能力很强。但是他对自己的外在形象却不太在意，总是一身破牛仔服，给人极其不正式的感觉。他更是从没想过外在形象这个问题。

一次，我们俩聊天时他和我说，他在来我们公司前，去过另一家公司面试。面试时依旧是那身装扮，这便引起了招聘人员的反感，不一会儿，就被对方下了逐客令：“对不起，我们公司需要的是工作态度和生活态度都很严肃的人！”

※ 案例解析

由上述案例可以看出，一个人的“第一印象”是非常重要的，别人对你，或你对别人都是一样。第一印象如果不佳，在应酬中便很难挽回，所以在生活中我们要努力克服不修边幅的毛病。

看看我们身边那些受人尊敬与信赖的人，他们并非靠才气风发、语出惊人赢得别人的喜爱。反之，他们中的一些人言辞犀利，却无法赢得人们的尊重与敬佩。如果你想彰显自己新潮的思想，不妨加入自己的亲身体验，不趾高气扬，无疑会让谈话的氛围变得轻松愉快。

一次看杂志时，看到过这样一篇文章：

朱宁是个刚刚进入公司的年轻人，他性格开朗、为人直率，进入公司后和同事们相处得也都不错。由于公司有内部食堂，所以中午同事们大都聚在一起吃饭，嘻嘻哈哈，特别热闹。朱宁刚进公司，一脑袋的主意和意见，正愁没地儿去说。于是，经常能在中午的餐桌上，听见朱宁慷慨激昂地点评公司的政策、现状、客户，甚至公司许多其他同事的情况。慢慢地，朱宁发现自己的饭桌上越来越冷清了。有的时候，他特意跟别人坐一桌，别人也会只低着头吃饭，吃完就走。而且他还发现，自己跟同事们的关系也慢慢冷淡了下来。

有一次，公司一位快退休的人告诉朱宁：“小伙子你人不错，就是话多了点，说实话，你的话有些我不太爱听。我不爱听还没啥关系，要是换成你的顶头上司或者跟你有利益冲突的同事，那你就得多多小心了。可能，小伙子你还没有‘上路’，就因为话太多而得罪了别人遭到他人的报复。年轻人，少说点话没关系，千万别多说。”听了这位老前辈的话，朱宁觉得很困惑，难道自己真的错了吗？

※ 案例解析

以前有一位公司的老板曾就上班迟到问题做了一个很好的回答。“如果你迟到了，无论是因为吵架、身体不适，或者只是因为闹钟没把你叫醒，一定别赶着去上班，要不然你走进议论纷纷的办公室时，身上处处显示着你碰到了麻烦。

如果已经迟到了，不如索性就多花些时间，精心梳洗打扮一番，这样看起来会和别人不一样，然后有条不紊地去上班，这样定会弥补上班迟到的不良印象。与其迟到那么一小会儿，不如迟到得坦然些。”

※ 聊天要点

综上所述，可以看出第一印象是多么重要，那么我们在日常生活中如何给别人一个良好的第一印象呢？下面这几种方法可以帮助你。

1. 约束自恋倾向

你是否会在刚认识的朋友面前滔滔不绝地谈论你新买的车？心理学家认为这会严重破坏你的第一印象，虽然我们都有炫耀的冲动和理由，但必须顾及别人的感受。所以应让别人谈谈他们自己，然后给予真诚的回应。

2. 控制焦虑情绪

即使你对某些话题不甚熟悉，你依旧可以给别人留下美好的第一印象。你需要做的就是关注对方，这样会减轻压力，切记不要盘问刚认识还不怎么熟悉的人。在特别紧张时，一定要放慢语速。

3. 拿出明媚心情

在初次交往中，认知专家和心灵自助导师都建议“做真实的自己”，但是面对新朋友时，应该将坏情绪收起来。也许你只是一时不快，但这样会给你的新朋友留下整日发牢骚的印象。这些不良情绪有可能还会波及他人，所以要尽量营造轻松愉快的交流氛围，然后，再和对方一起谈谈困扰你的问题。

一个人的礼貌是映出他内心世界的镜子

俗话说：“礼仪是打动陌生人的第一要素。”要想给他人留下好印象，就必须注重自己的礼仪。一个人的礼貌是映出他内心世界的镜子，通常懂礼仪的人，内心世界也更温和，更容易得到他人的喜欢。

一般而言，一个具有优雅气质、谈吐不凡的人总是很受欢迎。在交际中，外在的行为举止就是别人对你的大部分印象。一个人连礼仪都做不好，别人还怎么相信你呢？

我的同学杜伟是学精算的，从国外留学回来，非常有才华。只要是你能说得出的问题，他都能迅速回答出来。曾经有几个关系比较好的朋友，一起给他出题，频率非常快，杜伟却依然对答如流。

但是，这么优秀的杜伟却一直找不到好工作，很多人都感到不解。

如丝之前跟杜伟有过简单往来，她是一个非常懂礼仪，行为举止非常优雅的人。"我跟杜伟不是一路人，我实在不喜欢不懂礼仪的人。"

如丝的话道出了重点，杜伟是个非常邋遢、不注重外表也不懂礼仪的人。他太过大大咧咧、不拘小节。

有一次，杜伟来如丝的公司面试，如丝负责接待他。当时，他穿着邋遢，帽子也戴得歪歪扭扭，一进门连招呼也不打，直接大摇大摆地坐下。

"你能说说你有什么优点吗？"如丝一看这个人就很反感，但还是耐着性子跟他交流。

"我优点可多了，我很有才华。"杜伟一点也不谦虚。

"先生，你对礼仪是怎么看待的？"如丝不由得带着一丝嘲讽。

"要看一个人的真实才华，不能以貌取人。"

"先生，你说得不对，一个连礼仪都不注重的人，你还能指望他做什么呢？你的帽子戴得都是歪的，我很难相信，你做事会勤勤勉勉、一丝不苟。"

就这样，杜伟因为不懂礼仪被淘汰了。

※ 案例解析

很多时候，礼仪代表了我们的形象。和懂礼仪的人相处，气氛会更和谐融洽，让整个交往过程变得顺畅，这就是礼仪的魅力所在。

有些人在交际时，行为粗鄙，不知书达理，态度又恶劣，每个人看到他们都忍不住敬而远之。

每个人的喜好都不同，有的人喜欢潇洒有风度；有的人喜欢温文尔雅；有的人喜欢直率坦诚等。但不管怎么说，这些都是美好的象征，用礼仪才能塑造出更完美、更受欢迎的形象。

某心理学家说过：在交际时，他人对你的评价也就短短几分钟，这几分钟里如果给人留下懂礼仪的印象，你就等于获得了大家的初步认可。

因此，我们的各种外在信息在社交中都有举足轻重的影响，如果没有得体又优雅的外在形象，就很难给他人留下好印象。

有些人对此也存在质疑，说注重外在礼仪是以貌取人，事实上并非如此。懂礼仪，是对他人的一种尊重，知礼、守礼才能保证正常的交往。很多有经验的社交高手，在交际时总是表现得知书达理，这是对他人的尊重，反过来，他也会得到他人的尊重。

是否懂礼仪直接影响了大家交往关系的发展，决定了对方对你的印象。所以，在与人交往时，一定要绷紧脑子里的弦，行为举止非常重要，千万不能不当回事。

※ 聊天要点

那在交际中我们怎样才能维护好自己的形象，怎样才不算失礼呢？懂礼仪，要从以下几个方面开始。

1. 在交际中一定要守时

这是对人基本的尊重，也是自己内涵的展现。在正式场合，很多人都无法接受对方的迟到。先不说交往怎么样，迟到的人在态度上就有问题。

如果是男人，在交际时最好提前到达，女士正常到达就可以。如果你经常进行交际，你就会理解这些礼节的重要性。

“小姐，对不起，我迟到了。”男士跟女士相亲认识后，这是他们的第一次约会。

“没事，我也没来多久。”女士虽然这么说，但心里还是不舒服。

男士丝毫没有察觉，依然自顾自地说话。不知为什么，当时男士的话没有一句是女士爱听的，女士也很纳闷，之前对他的好感都去哪里了。

最后两个人不欢而散，关系也不了了之。

其实女士越看男士越不顺眼，多半是因为心里对男士迟到的事有芥蒂，以致影响了接下来的交往。

2. 在交往时一定要尊重对方

专心跟对方交流，不能心不在焉。如果我们说话时，对方心不在焉，或者答非所问，我们肯定会很生气，这是对人的极大不尊重。

在听人说话时，我们要注视对方的眼睛，面带微笑，并不时地点头，表示自己在听，并且很感兴趣。

在此期间，如果没有重要的事，不要东张西望，不要频频看时间。

“不好意思，我不想跟你说话了。”一位女士和聊天的男士说了一句这样的话就扭头离开，只剩下男士在原地尴尬不已。

在聚会上，两个人在聊天。男士因为担心女朋友，所以一直心不在焉，连笑容都很勉强，还不时查看下手机看看是否有未接电话。

女士把男士的一举一动都看在眼里，感觉自己受到了轻视，所以就很生气地离开了。

在沟通时专心认真是对他人的基本尊重，也是大家应该必备的社交礼仪。为此失礼，肯定会让自己的形象受损。

3. 在谈话时要主动寻找话题

很多人在第一次交往时都会有些不适应。为了避免尴尬，要提前准备好话题，尽量找到共同话题，不要冷落对方，让对方感觉自己插不上话。

如果我们只顾自己滔滔不绝，不顾他人的感受，这也是失礼的表现。因此，要学会引导话题，进行双方面的沟通。

值得注意的是，在交际中不要过多询问他人的隐私，要懂得适可而止。有的人认为，跟对方聊得更深入会更好。其实不然，在涉及隐私问题时，一定要懂得避讳。尤其是第一次见面时，如果话题太过私人化，对方会感觉不舒服，甚至感觉你居心不良。

女性的年龄、健康状况、婚配问题等，最好都不要随便问。如果想知道，也要等到相熟之后再询问。

礼仪是一个人内在修养、外在素质的重要体现，也是交际时的必要手段。很多时候，在交际时都要注意规范一下自己的行为，不要因为失礼而影响了自己的形象。一个懂礼仪的人，才能给大家留下深刻的好印象。

现代社会，越来越注重礼仪，在社交中，它几乎成为一个很明显的标志，越来越表现出无可替代的重要性。因此，用礼仪塑造自己的良好形象就成为必修课。不失礼，才能在交际中如鱼得水，取得成就。

特别的爱，给特别的你

心理学中有“晕轮效应”之说，月亮存在月晕的时候，便不能看清月亮的轮廓，人也是这样。所以“晕轮效应”指的是人们对他人的认知判断首先是根据个人的好恶得出的，然后再从这个判断推论出认知对象的其他品质的现象。而第一印象往往成为人好恶的凭据，所以我们不得不努力让自己的第一印象好点好点再好点。简而言之，“好的开始是成功的一半”，你的自我介绍要是耳目一新，那么在即将开始的交际当中肯定也会顺畅不少。如果你的自我介绍平淡无奇，那么我们便要绞尽脑汁想办法挽回形象。

人生最大的悲哀就是，当你想去拈花惹草的时候却惊讶地发现，周围的花花草草都被别人拔干净了。我一个妹妹肖云飞目前就是这个感觉，今年27岁的她还觉得青春无限好呢，没有想到周围的同龄人都开始繁华落尽执手相看泪眼地成双入对的了。肖云飞后知后觉地发现自己加入了“大龄剩女”的阵营，逢年过节回到家中，没有人再问你考试多少分，而是问你有没有对象，当得知你目前还孑然一身的时候就会说，“你又胖了，脾气不好，这样的姑娘不好找对象”，或者是“又要身高，又要学历，还要感觉的人根本不好找”……在这种巨大的压力下，肖云飞不得不去世纪佳缘注册了账号，又在老妈的“威逼利诱”之下，参加了这次盛大的“集体相亲”活动。放眼望去，唉，“大龄剩男”的质量无法保障啊！长得不是像冯小刚就是像许三多，让肖云飞连说话的冲动都没有。

等等，坐在角落斯文有礼、温文尔雅的那位还是不错的，正想着，旁边的人拉了拉她的袖子，原来该她做自我介绍了。肖云飞站了起来，说：“听说每个女人都是为爱折翼的天使，她们来到人间，就再也回不到天堂了，所以需要男人好好珍惜。”话音未落，便有人嗤笑起来，原来刚才已经有人说过自己是折翼的天使了。但肖云飞接着说：“我也是天使，不过降落的时候不小心脸先着的地，回不去天堂是因为体重的关系。还好，我还有一颗天使的心：善良、仁爱。在我27岁的人生中，曾经有三个男孩相当‘识货’：有一个曾经要同我共赴黄泉，他说‘你要是不给我抄作业，我就跟你同归于尽’；有一个同我相约下辈子，他说‘想要我爱上你，除非下辈子’；还有一个男孩子愿意为我去死，他说‘如果你是我的女朋友，我宁愿去死’。以上就是我的情感经历，谢谢大家。”这次，掌声雷动，无数张裹挟着欣赏的小纸条被传递到肖云飞的手中。

※ 案例解析

现在生活节奏快，步调紧凑，一个人给别人的印象如何，几句话便能决定。一句话说得好便能引起别人的强烈注意，给人以好感。

为什么我们的自我介绍这样重要呢？因为自我介绍能体现出我们的侧重点，体现我们的性格，而这些侧重点和性格，往往是人们评价我们或者同我们交流的必要依据。

※ 聊天要点

那么怎样的自我介绍才能“震惊四座”呢？

1. 幽默式

人们都愿意同幽默风趣的人相处，因为足够轻松愉快。在生活压力大的今天，轻松愉快是可望而不可即的企盼，所以我们愿意自己周围有幽默诙谐的人。枯燥的会议，因为有他开始谈笑风生；冷场的局面，因为有他开始红火热闹。面对拉长了脸好像谁欠他贷款到期的上司，面对奸诈狡猾的客户，他妙语连珠，缓和所有紧张的气氛。

你的自我介绍非常幽默，大家都认定你具有了幽默这种奇妙的本领，从心理上他们便开始想要亲近你。如何幽默呢？可以将自我介绍“拟物”，说自己“1983年制造，目前的各个零件都是原厂状态”。也可以用双关，将自己的名字嵌入到一个典故中去，说“我是白羊座，都说白羊座是天生的领导和糟糕的下属，在我身上只准确一半，我的确是糟糕的下属”，甚至可以采用自嘲，让大家看出你的豁达开朗。

2. 交情式

人际关系中有一个奇特的现象，那便是熟悉是亲近的底线。从我们的心理出发，我们更愿意跟熟人们一起聊天，而不是夹杂在一群陌生人中大眼瞪小眼。可是，只要你用心，你就会发现，两个人之间总是有这样那样的联系。

所谓的交情式便是攀交情找联系，将天南地北不相干的两个人用一根纽带联系起来。如果你们住的地方有些相近，那么感情会立刻融洽。如果你的母校跟他的母校在一个城市，说说那个城市的老槐树和特色小吃，那么话题就会亲挚；若是你们都认识某某某，那么自然可以算是半个朋友了。交情式要从这几个角度攀起——地缘、人情、风土、爱好、政治。

3. 礼貌式

中国人是强调礼数的，在自我介绍的时候，一定要礼貌。因为礼貌在人际关系中至关重要，它反映的不仅仅是外在的交际能力，还是一个人内在的思想道德水平和文化修养。所以当我们说第一句话的时候，采取礼貌用语会给我们加分不少，尤其是自然流露出的礼貌和修养，更是让酒桌上的其他人对你好感倍增。

4. 关怀式

关怀式要求你有一双慧眼，能从别人的神情语气中发现蛛丝马迹。我想这招也是自我介绍中最难把握的一个招数，因为这要求你有柯南般的观察力，金田一般的推理能力。

你察言观色，感觉到在场的人近期关注的话题是什么，掌握大家的心理，而后的自我介绍便能直接戳中大家的心脏。比如说，这一桌子大多是程序员，你自我介绍的时候可以说自己是半个程序员，因为你总是茫然地在电脑上敲击出无数的乱码。总之，让对方认为你很关心他们，这就对了。

5. 悬念式

素昧平生、没有交集的一桌人，如果你对他一无所知，但是还想同他（她）交流，这时候用悬念式开始自己的第一句话是再好不过的了。设置悬念就是先抛出一个很让人玩味的话题，而后将答案和盘托出，在问答之间，成功挑起对方的谈话兴趣，减少陌生感，还能给对方留下深刻的印象。

让名字飘荡在记忆的天空

戴尔·卡耐基说：“一种既简单又最重要的获取好感的方法，就是牢记别人的姓名。”这就是名字暗示的特殊魔力，无论对于谁，传递给他的最甜美、最重要的声音就是他的名字。记住对方的名字，是一种最真诚的赞美，是获得对方好感的最简单、最重要的一个方法。

我的同学李雪是一个很有心的女孩子。每年，她都会把小学、中学、大学的毕业照拿出来，看着那些熟悉的同学的脸庞，一一说出他们的名字，这似乎成了她每年必做的“功课”。正因为时常有“复习”，所以碰上多年未见的同学，一时想不起名字来的尴尬事从没发生在李雪身上。

在 20 年之后的一次小学同学聚会上，当我们很多人都忘记了对方的名字的时候，只有李雪还能清楚地说出在场的每一位同学的名字，并且还会不时地说出谁比小时候变得更漂亮了，谁比小时候变得更温柔了之类的话。当晚，李雪成了聚会上最受欢迎的人，大家都竞相和她聊天。当然，如果李雪需要帮助，老同学们自然也愿意出手相助。

※ 案例解析

牢记别人的姓名是非常重要的，因为你能热情地叫出对方的姓名，从这个过程中就体现出你对别人的尊重，进而让自己给对方留下一个好的印象。

在这方面，拿破仑给广大朋友们做了很好的榜样。拿破仑经常询问士兵的家庭情况，并且他能够准确地叫出每一个下属的名字。他喜欢在军营中和军士们交流，因为这样可以增进上级之间的感情。拿破仑的这种做法不禁让他的下级感到意外：他们做什么，他们的皇帝竟然都知道。这种做法，让每个军官都感到自己有种被重视的感觉，也使他们对拿破仑忠心耿耿，甘愿效劳。

拿破仑的做法是值得大家学习的。每个人最敏感的莫过于自己的名字。一般而言，如果你能准确说出对方的名字，更能让彼此之间的距离拉近。记住对方的名字，无疑也是对对方的一种尊重。可以说这是一种最简单的感情投资方式，能为你在今后与对方交往打下良好的基础。

我以前的同事王思有一项值得骄傲的本领，就是只要是打过招呼、彼此做了介绍的人，她都能记住对方的名字，第二次见面的时候绝对不会忘记。她有记名字的技巧，其实她的技巧并不复杂。如果是初次见面，对方介绍自己姓名不是很清楚的时候，王思就会说："抱歉，麻烦您再说一次，我没听清楚。"如果碰到别人姓名里有生僻字的时候，她就说："这个字如何去写？"

在谈话的过程中，她又会把对方的名字重复说几遍，试着在心中把它跟对方的特征、表情和容貌联想在一起。

甚至有时候她回家后，会把对方的名字记在纸上，仔细看，并在心里默默诵念，以加深记忆。就这样，名字在她心中就烙下了深深的印象。

※ 案例解析

虽然记住别人的名字看似是小事一件，但能记得别人名字，并能准确说出来，这就体现出别人在你心目中的重量。这不仅有利于拉近彼此的距离，实现合作，还能体现出你的修养和文化涵养。

在现实生活中，我们经常会遇到类似这样的情况：觉得对方眼熟就是想不起对方的名字，或者是叫错别人的名字，这样往往使自己陷入尴尬的境地。如此一来，你也给对方留下了不好的印象。

记住别人的名字是一种拉近感情和沟通的重要手段。你要想拥有好人缘，必须善于记住别人的名字。

※ 聊天要点

初次见面，除了要记住对方名字、拉近彼此距离外，还需要遵循以下原则才好：

1. 接触对方眼神

如果你想对一个陌生人有所了解，只要看着他的眼睛，即可破解他的肢体语言。与对方初次相遇时，眼神接触、微笑等都是至关重要的环节。如果对方眼睛闪着光，这个时候你可以肯定对方是个善意的人，你应该还以微笑，好的气氛就是这样营造出来的。

2. 与对方同步化

主动对身体姿势和语言作调整，以此来达到适应新朋友的目的，因为人都是被彼此间相互的特质所吸引的。如果你用与对方相似的语速说话，他们就会有所反应。当新朋友点头或摇头时，你也做出同样的动作回应，马上就会营造出和谐的气氛。

3. 适时恭维对方

人们总是喜欢听别人说自己的好话。我们应关注对方所取得的成绩和成就，给予适当的鼓励和赞美，这样才不会让人觉得你是在故意拍马屁。

每个人，做什么事情都有“第一次”。不论和某人认识多久，“第一次”只有一次，那一次是永恒的，就算是后来有很大的改观，“第一次”的印象总是最深刻的，所以第一印象非常重要。既然如此重要，我们更应该注意自己留给别人的第一印象。

Part 3

会聊天的人，都能读懂对方的内心

很多时候在沟通上和别人产生矛盾，都是因为每个人只考虑了自己的感受，而没有站在对方的角度去思考问题。有了矛盾如何化解呢？那就是要学会换位思考。换位思考，就是要求我们不要总是抓住别人的“小辫子”不放，要学会站在对方的立场上思考问题，给对方以最大的理解。

人，为什么长了两只耳朵，却只有一张嘴

人有一张嘴和两只耳朵，潜意识就是多听少说。生活中，善于倾听的人才算是有魅力的人。尊重别人和赞美的方式之一就包括倾听。大家都知道，在人际交往中，那些能说会道的人不是最善于与人沟通的高手，真正的高手是那些懂得倾听、善于倾听的人。也许你会认为，在人际交往中我们都没和对方说几句话，谈何给对方留下深刻的印象呢？可是大家忽略了一点，正是因为倾听让我们给对方留下了良好的感觉。

乔·吉拉德花了近一个小时才好不容易让他的顾客下定决心买车，接下来的步骤很简单：仅仅是把顾客带到他的办公室，签好合约。

就在他们走向乔·吉拉德办公室的时候，那位顾客突然说起了关于他儿子的事情。

顾客十分自豪地说："乔，想必你一定知道普林斯顿大学吧？我的儿子被那所大学录取了，他将来就要涉足医学这个行业了。"

乔·吉拉德回答："真是太了不起了。"

当两个人继续向前走的时候，乔·吉拉德并没有看向自己的那位顾客，而是四顾看其他的顾客。

"乔，我儿子很聪明吧？当他还是婴儿的时候，我就发现他非常的聪明了。"

"哦，那还真是有才华啊。成绩相当不错吧！"乔·吉拉德嘴里应付着，眼睛却像雷达一样在四处看。

“当然了，没错！他是班里最棒的一个。”

“这么厉害！想必一定有一个很不错的专业吧？他将来要做什么呢？”乔·吉拉德心不在焉。

“乔，我刚才已经说过了，我认为你并没有认真听我说，我儿子考上了普林斯顿大学，以后要当医生。”

“哦，那太好了。”乔·吉拉德说。

那位顾客觉得乔·吉拉德不是很尊重自己，于是，顾客打了一声招呼便走出了车行。乔·吉拉德木讷地站在原地，因为他还没有意识到自己究竟哪里做错了。

次日上午，乔·吉拉德一上班就给昨天那位顾客打电话，诚恳地致歉道：“我是乔·吉拉德，昨天是我照顾不周到，希望您能原谅，现在我们这里有一款新车，您能来一趟车行吗？”

电话那端，顾客不耐烦地说道：“哦，原来是这个星球上最伟大的推销员先生啊，抱歉地说一句我已经买到了新车，而且是一辆很棒的车子。”

“是吗？”

“没错！我是从一个懂得倾听的推销员那里买到的。乔，要知道，当我对他提到我儿子让我多么骄傲的时候，他是多么认真地听，而不是东张西望。”顾客接着说道：“你知道吗？乔，倾听对一个人来说就是尊重，我儿子当不当医生对你来说并不重要。对你来说，谁签不签合同才最重要！顾客的喜恶你完全不在意，也不懂得如何去认真聆听，真是个笨蛋！”

在那一瞬间，乔·吉拉德才恍然大悟：原来自己犯了个如此巨大的错误——没有人会喜欢不听自己话的人。

※ 案例解析

我们在日常交流中，多听听他人的诉说，满足他人倾诉的愿望。人都是这样，只有感到别人认真听自己的倾诉后，才会有一种被尊重感，继而有了更深入的谈话。年轻人只有认识到这点，为人处世才会变得顺利，离成功也就不远了。

美国著名谈话节目主持人奥普拉是陈鲁豫的偶像。陈鲁豫和奥普拉相似之处都是以亲切知性的邻家女孩形象出现在电视荧幕上的，很多人都是被她们那种轻松随意的谈话方式所征服，尤其是那种“倾听式”的主持风格让人印象深刻。

在《疯狂教授易中天》一期节目里，鲁豫的主持风格一如既往，使节目收到了良好的效果。例如，鲁豫想了解学校授课以及电视讲座之间的区别时，就向易中天提了一个问题：“您有这么多年的讲课经验，积累了这么多年，所以在《百家讲坛》讲课也并非一件太难的事吧？”

这个问题就刚好问到了易中天作为一个教授对授课方式的理解，因此必然能激发他的诉说欲望，而且提问方式并不直白，从而灵巧高明地激发了易中天的“诉苦”欲。于是，易中天在接下来用一句“难啊”作为开头，开始用大段的陈述来讲明自己对两种讲课方式的体验，从“以前有很多学者在《百家讲坛》失败的经历”说到“电视观众和学生的不同反映情况”，从“电视剧与话剧的区别”说到“电视讲座所要借鉴的戏剧要素”，像打开的水龙头一样。

在易中天讲述的过程中，除了一处必要提问外，鲁豫和其他观众一样都是在扮演着倾听者的角色。正是这种倾听的氛围反而使易中天情不自禁地展开了更宽广的话题，也使观众们更深入地了解了易中天，当时节目现场也是掌声不断。

※ 案例解析

倾听就是对别人的尊重。有时候对别人最好的尊敬就是倾听。专心地听别人讲话，胜过你给别人很多的赞美。不管说话者是什么人，倾听能达到的功效都是一样的。人们的共性就是把关注度放在自己的兴趣和喜好上。同样，当你在谈论自己的时候，对方在全神贯注地听你讲，你心中自然而然产生一种被重视的感觉。

※ 聊天要点

1. 会聊天的都是一位好听众

有位经验丰富善于沟通的人建议：沟通之道，贵在于先学会少说话。多听少说，做一位好听众，处处表现出聆听、愿意接纳对方的建议和想法的态度。

这时候，对方也会表现出愿意接纳你，并且回答你所需要的答案和讯息。

2. 倾听要认真

当你在倾听对方的谈话时，不能够显得漫不经心，这样虽然你是在倾听，但对方也不会感到被尊重。当对方在说话时，你一直注视着对方，让对方感觉到你被他的话吸引了，对方才会有成就感，才愿意和你聊更多。

3. 倾听时要懂得配合

我们看说相声的，逗哏的重要，捧哏的同样必不可少。在聊天时也是同样，当对方说得滔滔不绝却得不到回应时，对方自己也会感到无趣。如果你能适时地附和一下，适当提出些问题，对方会说得更加来劲。

为什么我们只聊自己所想要的呢

卡耐基说："夏天的时候我总是喜欢前往缅因州钓鱼。以我自己来说，我喜欢吃杨梅和奶油，可是，不知道出于什么原因，我发现鱼儿们并不喜欢这种食物，相反它们更爱吃小虫。所以当我去钓鱼的时候，我不想我所要的，而是想着鱼儿的兴趣，用虫子和蚱蜢当诱饵。这样一来，我就可以轻松地对鱼儿们说：'你要吃那个吗？'"

相信大家都钓过鱼，也知道钓鱼的道理。可是当你想说服别人为自己做些什么的时候，为什么不用同样的常识，去"钓"一个人呢？

有人问路依特·乔琪（美国独立战争时著名的高级将领），如何能在别的战时领袖们都退休不闻政事后，还身居权位？

他回答说："如果官居高位可以归功于一件事的话，那就是，你想要钓什么样的鱼，就需要什么样的诱饵。不同的鱼要使用不同的钓饵，如果你一厢情愿，长期使用一种鱼饵去钓不同的鱼，你一定会劳而无功的。"这也是路依特·乔琪从钓鱼中所悟出的道理，是他一生的经验总结。

卡耐基说:“为什么我们只谈自己所要的呢？这是多么幼稚的举动。除了你，可能不会再有人对你的需要感兴趣了。不过，所有人都和你一样，我们都注意着自己的需要。正因为这样，世界上唯一能够影响对方的方法，就是时刻关心对方的需要，并且还要想方设法满足对方的这种需要。”

卡耐基和路依特·乔琪的办法都值得我们学习。这个方法无论是对成人还是孩子，甚至对动物也都一样适用。

有一次爱默生和他的儿子想把一头牛拉进牛棚里，可是他们怎么努力都没有办法。

爱默生在后面用力地推着，儿子在前面使劲儿地拉着。而那头小牛四腿张开，牢牢地站在草地上抵抗前进。

他们僵持的情景，被旁边的一个女佣看到了。虽然这位妇女并不能够像爱默生一样写出优美的散文，可是至少在这次，她懂得牛马牲口的感受和习性，她刚才在厨房干活，手指还带有盐味儿。于是她把自己的手指放到小牛嘴里，让它像吃奶般吮着，一面轻轻地把它牵进牛棚。

※ 案例解析

可见，了解并满足对方的需要就能轻易影响对方。汽车大王亨利·福特曾说：“如果成功有什么秘诀的话，那就是站在对方的立场来看问题，并满足对方的需要。”

多么简单明了的金玉良言，但依旧有相当多的人对它视而不见，就像爱默生和他的儿子一样。所以，明天你要说服别人替你做些什么时，就要灵活运用这种方法。

这个道理是最浅显明白的，任何人都能够获得这种技巧。可是对很多人来说，这种“只想自己”的习惯却是本性难移，因为这一行为发自我们的基本需求。如果你能够把这种习惯改掉，站在对方的角度，了解并满足他们的需要，你会发现说服的过程会更简单，任务更容易完成，得到的也会更多。

今天成千上万的推销员，每天疲惫沮丧、劳累不已，但是收获甚少。这是为什么呢？因为他们并不懂得顾客的心理，他们只是想到自己所需要的，而没有注意到，他们所推销的是不是对方所需要的东西。

如果我们要买需要的东西，会自己出去买，原因是我们所注意的，是如何解决自己的问题。假如有个推销员，他所推销的服务和商品，确实能够帮助我们解决一个问题，那么他不必喋喋不休地说服我们购买，我们就会买他的东西。顾客喜欢的是自己主动买的，而不是由于推销才买的。事实上，许多销售人员在自己的销售生涯中一直都不知道应该如何从顾客的角度看待问题。

在说服的过程中，你一定要明白不是你想要什么，而是他想要什么；不是你想说什么，而是他想听什么。

哈里·欧弗斯屈特在自己的《影响人类的行为》这本具有启发性的书中写道：不论在商场、家庭、学校或者政治上，有一句话对于那些自诩为“说客”的人来说不失为最好的建议：要首先了解对方某种迫切的需要。只要这样做，才能左右逢源，永不寂寞，否则会到处碰壁。

※ 聊天要点

了解并满足对方的需要，其实并不难，我们可以从以下几方面着手。

1. 尊重对方

每一个人的自尊心都很强，一旦你无意间使其受到伤害，他便会痛苦不已。如果你时刻注意，尊重对方，让其有自重感，那么对方就会感到欣慰和满足。

2. 不要处处当主角

人人都希望按自己的思想和意志办事，不喜欢受别人的指指点点，这就是自主的需要。每个人都希望自己在别人面前具有优越感，于是想尽一切办法让自己的才能充分发挥，并积极运用自己的智慧，创造出可观的劳动成果，使自己看起来比别人更能干。那么就应充分尊重对方“自主”的需要，让他的自我表现心理得到满足。

3. 投其所好

人人都有各自的爱好，如果我们在说服别人的时候，能够尊重对方的兴趣爱好，这样会使对方得到最大的满足，有助于建立良好的人际关系。正如著名的诗人西罗斯所说：“当别人对我们产生兴趣时，我们就对别人产生兴趣。”所以，如果你要影响他人，赢得朋友，就应该学会投其所好，谈论他人最感兴趣的话题。试想，一个和你没有任何共同话题的人，又怎么可能和你深入交往呢？

交谈需思考，口才好也不一定要与人争辩

如果你想和别人有一个良好的关系，就要时刻注意自己说话的语气；如果你想和对方交朋友，就不要总是和对方在一些小事上争论不休。其实，每个人都有自己的观点，不可能让每个人都和我们想的一样。因此应该时刻抱着宽大的心，让自己可以接受更多的、不同的意见。

每个人的生活背景不同、生活经历不同，因此每个人的思想也不一样。当我们想和别人交朋友时，就要先意识到这一点，知道每个人的想法必然不同，这样就不会为彼此想法不同而懊恼了。有些人比较低调，他们不喜欢与人争执，即便大家的思想不一样，他们也可以各过各的，互不影响；但是，有些人却爱认死理儿，而且比较高调，总想和对方争个高下，而事实上这种争执对他们来说并没有任何意义。

如果你和朋友为一个并非涉及原则性的问题来争一个高下，那么自己最终能得到什么？不过是朋友之间伤了和气罢了。也许是为了逞一时之快，但是即便你在争辩上赢了，可是在人际关系上却输了。聪明的人从来不会为这些小事或是为了显示自己懂得更多来和朋友争辩。你要问问自己，是逞口舌之快重要呢，还是拥有一个朋友重要？如果为了争辩而失去了朋友，那绝对是不划算的。

在这里给大家讲一个我朋友和我说过的故事：

王平在学校的时候成绩就一直名列前茅，不仅如此，他还是班里和学生会的干部。平时，很多事情都是由他来拿主意，因此他一直觉得自己很优秀，但自从出了校门，这种状况就改变了。他现今只是一个公司的普通员工，原来在学校里的那种光环不见了，但他依然心高气傲，不管做什么都不服管，总觉得自己总有一番道理。作为一个职场新人，王平吃了不少苦头。

一次，他和办公室里的一位前辈因为一个程序处理问题吵了起来。他觉得自己编写的程序是对的，而那位前辈只是认为他写的程序稍微烦琐了些，其实有更简易的写法，因为程序写得越烦琐，以后出故障的可能性就越大。但是，王平却觉得那位前辈是在故意刁难他，因为他的程序本来没有错，就算是写得复杂了点，同样可以达到效果，干吗非要拿这件事让他当众出丑呢？于是，王平自以为是地据理力争，不管怎么说，他就想让自己的成果得以应用。可事实上，他和那位前辈争吵之后，由总经理出面，他的程序还是要改，因为这关系的不是他个人的利益，而是整个公司的利益。其实，王平心里也明白，程序修改一下会更好，但他只是为了自己的面子就不管不顾了。自此以后，总经理对他有了偏见，办公室里其他人和他也都比较疏远了。他不仅没有争辩过那位前辈，还赔上了自己技术不过硬的坏形象，这就叫“一步走错，满盘皆输”。

王平开始反思自己：尽管自己在学校的时候是个风云人物，但那只是在学校而已，与真实的社会相比，那就像一个过家家的游戏。他开始明白，在职场中，想要获得好人缘，就要时刻保持谦虚谨慎的态度。与人交往的时候不要老想着一争高下，适当的时候多恭维一下别人也是必要的，毕竟自己还是新人。他想到这里，就知道自己应该怎么做了，于是他开始尽量去改变自己的这种境况。在一次午休的时候，他当着大家的面给那位前辈道歉，并希望大家都能接受他这个刚入社会不久的新人的歉意，之后邀请大家一起去吃自助餐，算是为那天的事赔罪。

在王平的邀请下，大家都欣然接受了他的好意，后来他在办公室里和大家的关系也渐渐好了起来。

※ 案例解析

从王平的故事里可以看出，一个人如果喜欢与人争执，可能就会被认为是一个不易相处的人。那么，当你想要再与别人建立联系时，就会比较困难了。

大家要记住，无论遇到什么事情都不要急着与人争辩，先考虑一下是否是自己的原因。如果真是自己错了，那么就应该听取别人的建议。如果这个时候还要和别人争辩的话，那就是无理取闹了。事实上，如果与他人争辩，即便真理掌握在你的手上，你也该语气平和、娓娓道来。而趾高气扬地和人争辩，就算你说服了别人，别人在面子上也过不去，之后对你也将心存芥蒂。当然，如果在迫不得已的情况下，你也要选择合适的时机，采取合适的方式，来向对方解释和阐述自己的理由。

总之，争辩不会为你带来朋友，相反，你可能会因此而失去更多的朋友。

※ 聊天要点

1. 从“心理”上尊重别人

不懂得尊重别人的人，不会去替对方着想。因此，聊天时要做到的是尊重对方，从心理上给予对方尊重，说话聊天时才会多从对方的心理上考虑。

2. 争辩没有赢家

两个人聊天或者谈话，虽然对方的观点你也许并不认同，但也不要因为观点问题去和对方做过激的争辩。哪怕你争辩胜利，也只能说明你口才好，但不一定使对方对你服气。而且，这样的争辩还会引起双方心理的不痛快。

3. 争辩之前学会思考

每个人都知道，争辩不会有赢家，但还是会忍不住要和对方辩一下。以后，当你想争辩时，不妨先想一下，争辩之后对对方和自己是否有好处。当把前因后果想清楚后，也就明白争辩是否值得。

不管什么场合，让对方有面

人在社会中，就一定避免不了交际，不管跟谁交流，不管在什么场合，必要的场面话还是要说的。不会说场面话，就显得社交经验不足，影响人际关系的建立。

场面话通常都是面子上的赞美和恭维，大多数情况下只是礼貌问题，是不能当真的。面对别人的恭维，要保持冷静。如果不了解场面话，交际就会陷入被动。

我朋友李月大学毕业后一直忙于工作，眼看快30岁了，一直没有对象。之前，她不以为意，认为碰到真心懂自己的才可以。等到了这个年纪时，周围的同学、朋友都结婚了，她才开始着急。

好朋友看出李月的心思后，便牵线给她介绍了一个在外企工作的朋友，想撮合他们。李月欣然同意了。

“小月，有时候必要的场面话还是要说的，你不能太过‘耿直’了。”朋友知道李月的性格，忍不住提醒她。

在外企的男人各方面的条件都不错，又很健谈，没过一会儿，李月就对他产生了好感。

李月决定改变自己的说话方式，开始搜肠刮肚地想场面话：“听说你的工作能力不错。”

听到李月的恭维，男人非常高兴。

“我听朋友说，你的工作能力相当不错，年纪轻轻就升主管了，我自己跟你一比，好惭愧啊。”

“哪里，哪里，我是男人，自然应该更努力。”

在李月场面话的“攻击”下，男人听得非常高兴，慢慢开始跟李月讲真心话，从工作到生活，什么都说。

约会快结束前，男子意犹未尽地说：“很久没碰到这么能谈得来的人了，如果可以的话，我还想接着约你吃饭。”

李月知道，他是在对自己表示好感。

“可以啊，如果有时间我还想听你说话，你的很多见解都让我受益匪浅。”李月的场面话也是越说越好了。

“好，你真是难得一见的好姑娘，真是我的知己。”男子非常满意李月，后来两人渐渐发展成了恋人关系。朋友都为李月的“开窍”感到高兴不已。

※ 案例解析

之前李月是个理想主义者，想找真正了解自己的人，所以她不屑说场面话。这种想法，影响了她正常的交际。等她改变思维之后，把场面话一说，大家对她的感觉就大不一样了。

※ 聊天要点

一些交际场合，场面话还是要说的，我们不能随意表现出自己最真实的一面，这在交际中是行不通的。场面话可以说是交际的专用语言，是见面后的寒暄，是拉近彼此关系的方式。

一般而言，交际场合的场面话都是不能信的，它只是简单的寒暄。当听到他人称赞、恭维你时，千万不要当真，不要被对方哄得昏了头，要用冷静的思维去看待、去分析。如果一味地把场面话当真，只能说明你不成熟，不懂得交际技巧，最后难免会失望。

到这里也许有人会说，场面话这么虚假，为什么还要说呢？其实不然，场面话不是谎话，不是为了进行欺骗，只是一种交际智慧。通常它不会涉及原则和立场问题，是在交际中立身的技巧。如果我们不说场面话，那跟陌生人交往时该怎么交流呢？在跟他人交际，说服对方，拉近彼此关系时，是离不开场面话的。它就如同催化剂，可以有效增进人们之间的关系。所以，场面话不能少。

场面话并不是可耻的行为，也可以说得让人心动。在现实交往中，不说场面话寸步难行，但要说就尽量说一些贴近实际生活的，这样会显得比较真诚。

不能随口就是假大空话，管不住自己的嘴，这样的人肯定会给人虚假的感觉。

需要注意的是，我们不仅要会说场面话，还要会听。如果不动脑筋，径直把他人的场面话当真，到时候吃亏的恐怕就是自己了。必要时，可以通过其他方式，来判断对方的话有几分可信。如果真是客套话，就完全不必当真，一笑置之就好了。

所以，交际中我们要学会说场面话，让他人受用，也让自己的人脉更加广泛、稳固。

要想说好场面话，需要从以下几点入手：

1. 学会赞美

赞美就像是空气，每个人都需要。当别人听到赞美的话时，就会感到自己被肯定了，这种感觉会让自己对称赞者不由得心生好感，彼此之间也会感觉亲近不少。

在交际中，我们经常听见有人说别人漂亮、说别人聪明、说别人的小孩可爱，等等。这种赞美只要不是信口开河，没有一点根据，大家通常都会非常高兴。

在称赞对方时，要有事实根据。如果赞美太过，会适得其反，收不到良好效果，甚至引起别人的厌恶。

2. 懂得适当地应承

“好，下次见”“如果需要，我肯定会帮忙的”“有时间一起吃饭”，等等，很多时候，这些话是不说不行的。

如果不懂交际，会让对方感觉到不舒服或感觉没得到认可。如果当面拒绝他人，还会得罪人，甚至引起对方的记恨，这时不妨说些无伤大雅、没有后话的场面话。既给了对方面子，自己也可以脱身。

“今天我们的交谈非常愉快，大家就是朋友了，以后找你帮忙可不准推辞啊。”很多时候，大家都会这么说。

聪明的人会这样回答：“好啊，肯定会的。”别人听了之后，明知是场面话也会很高兴。

不懂交际的人也许就会说："到时候再说吧，我也不知道能不能帮忙。"虽然说的是实话，但却让人不舒服。前者说的是场面话，后者则是得罪人的"大实话"。在交际中。后者还是少说为妙。

场面话是建立交际关系的必要手段，大家要正确认识。它不是虚伪，也不是狡诈，而是交际中不可缺少的技巧。有时不会说场面话，会让交际变得无趣，会导致气氛尴尬，影响自己的社交。

所以，在必要时，要说些无伤大雅的场面话，既让对方高兴，又不损害自己的利益，何乐而不为呢？

话不在于好坏，而在是否顺耳

话不在好，而在耳顺。好听的话，他人更容易接受；难听的话，对方只会抗拒。同一个意思，有的人说别人就乐意听，有的则不然。这就是表达方式不同的结果。

会说话是一种技巧，如果掌握了，不好听的话别人也能听出善意，不讲究方法，纵然是表扬，对方也不会领情。

我居住的小区有一个"大嘴巴"，叫王树。每次提到他，大家都一脸嫌弃地说："那个人太不会说话了，好话到他嘴里都变味了，更别提坏话了。"

小区里张大爷的儿子为了救掉到河里的孩子去世了，张大爷非常伤心，一时很难接受事实。

大家知道后，争先安慰，希望张大爷能接受事实，好好振作起来。

王树知道后，也想去表达自己的同情。

张大爷不哭也不说话，只是呆呆地看着儿子的遗像，大家在一边暗自叹息，都不好开口。

王树按捺不住了，他张口就说:“张大爷，你不要难过了，你的儿子已经死了，他再也不会回来了。”

听了王树的话，张大爷像是受到了刺激，抓起脚下的东西就砸向王树：“你这个多嘴的王八蛋，给我滚，我儿子没死，你儿子才死了呢。”

张大爷气得眼泪直流，话都说不清了。

这时，小区物业的负责人来了，他思忖了一会儿后说:“小孩子掉进了河里，多亏了你儿子英勇仗义，虽然他离开了我们，但他会永远活在我们心中。”

“对，大家都会记得他。”

“他是我们心中永远的英雄。”大家纷纷发言。

张大爷终于哭出声来，含糊哽咽地说：“我儿子还这么年轻，我……我真是不敢相信啊。从早上开始，我的右眼就跳个不停，没想到居然是这么大的祸事。”

听了负责人的话，张大爷虽然还是非常难过，但他还是理智地接受了儿子已经去世的事实。

※ 案例解析

老人痛失爱子，悲切难当。王树张嘴就说张大爷儿子已经死了，老人当时最不想听到死字，被刺激后，情绪更不稳定。小区物业负责人的一席话却不同，他肯定了老人儿子的价值，他的死是有意义的、是仗义的。如此，老人虽然难过，但也知道这是没办法的事实，只能接受。

文中的两个人表达的是同一个意思，但方式不同，产生的效果也有很大差异。

没人喜欢听不合时宜的话，尤其是批评。说得不好肯定会得罪人，哪怕你的出发点是好的。生活中我们经常说“他是刀子嘴豆腐心”，了解你的人，也许会看到你的内心，但是外人却不知道。如果不懂说话技巧，不能深入人心地表达，你的“刀子嘴”会伤人无数。

说话要照顾别人的感受，要尽量用委婉的方式诉说，把话缓缓说到对方心坎上才能达到想要的效果。

心理学家说过，“并不是所有的人都能听进去逆耳的忠言”。明明是好话，但表达方式不对，对方就不领情。其实，我们完全可以将忠言说得顺耳一些。

说话讲究表达，能让人感觉温暖；如果不注重说话的艺术，还会伤害人。前后一对比，我们可以明显看出说话讲究表达方式的重要性。

一个意识不到说话方式重要性的人，很难在交际道路上走远。我们在交际中，一定要认真思索，避免一时冲动说出伤人的话。难听的话，比利剑还要伤人。

不会说话，不仅仅是容易得罪人这么简单。凡是在交际中顺风顺水的人，都是擅长说话的高手，不论说什么，别人都爱听。好口才帮助他们打开他人的心门，拉近彼此的距离，更容易达到社交的目的。

说话体现了一个人的整体水平。所以，在任何场合我们都要重视表达，成为能用话语深得人心、温暖他人的交际高手。

※ 聊天要点

在生活中与他人交流时，一不注意就会说错话，让他人生气，每当此时我们都会很郁闷。明明不是如此想的，但说出来的话却让人误会了，这是因为我们的说话技巧还有待提高。所以，平时要多学习表达技巧。

1. 要控制自己的情绪

不要因为自己心情不好，就冲着他人发泄。听你说话的人，会觉得你莫名其妙。所以，当你在气头上时，最好的方式是暂时保持沉默。等情绪平复了再用温和的态度跟别人交流。好的态度，也是一种良好的表达方式。

2. 说话不是攻击别人的手段

有些人开口就是“你不要怎样”“你是不对的”，对方一听肯定会不高兴。说话时少用否定词，多用肯定语气。

完全可以用温和的方式让对方明白，带着攻击性说话是最差劲的语言沟通方式。让他人感受到你的心意就可以了，没必要再说伤人的话。

3. 在说话时要利用好幽默的表达方式

在跟人说话时，会有很多不确定性。如果遇到不好说的话题，怕得罪人，完全可以利用幽默来表达自己的意思。

有些话，如果我们说得很严肃，别人心里难免会不悦，会感觉到无形的压力。在交际过程中，幽默可以缓和气氛，缓解对方的对立情绪，你的表达也会更深入人心。

有一个小故事：

有个人去小酒馆喝酒，喝了一口就吐了出来，酒太酸了，他一拍桌子就开始大骂："这是什么酒啊？酸死了，你们这里简直就是黑店。"

老板也不是省油的灯，哪里受得了这份气，立刻找来伙计，把客人打了一顿。客人躺在地上哇哇乱叫。

这时，又来了一位年轻小伙子，他说："这是怎么回事啊？在表演格斗啊？"

老板一听怒气消了一些。

小伙子知道因由之后，自己也品尝了一口酒，他皱着眉说："哎呀，你把我也打一顿吧。"

老板愣了一下，继而明白了小伙子的意思，大家都笑了起来。老板立刻让人换了新酒。

两个客人，都在说酒难喝，一个因为不会说话挨了打，另一个则幽默地说服了老板。由此可见，幽默的话语永远是打动别人、进行温和交谈的法宝。

4. 在说话前要三思

有些人说话不经过大脑，这样的人在交际中很容易触碰别人的"雷区"，引起他人的反感。每个人都有忌讳，我们在说话时要尽量避免。如果非要表达，则要含蓄一点，或通过暗示性的话来表达。

"祸从口出"，通常说的就是这种冒失、口无遮拦的人。我们要学会谨言慎行，把话说对、说好。

说话的方式有很多种，面对不同的人、不同的场合，我们要灵活运用，不要不合时宜。说话要讲究方法，只有做到这些，才能和谐地处理好彼此之间的关系，才能把话说出好效果。

聊天也要懂得“入乡随俗”

在交际中，要学会看对象说话。如果忽略了这点，很容易因为话语不得体而引起对方的反感。要掌握必要的说话技巧，看清对象，想好之后再说，如此有利于建立良好的人际关系，得个好人缘。

俗话说：“见人说人话，见鬼说鬼话。”这不是虚伪做作，而是一种别有深意的说话方式。说话对象不同，个人喜好就不一样。不分对象，乱说一气，肯定会得罪人。

听一个朋友讲过他们去拜访老师时的一个故事：

张老师是某大学的研究生导师，快50岁了，每天都打扮得非常时髦。每隔一个月她还换个新发型，平时用的护肤品也全是高档货。

“哎，我孙子都出生了，我真是越来越老了啊。”张老师逢人就说，她最怕自己变老。

“大家谁不是越来越老啊，你已经很不错了，看着比同龄人要年轻很多。”

周围人都知道张老师爱美，怕衰老，所以大家都会避开说她老的话题，都不愿意平日得罪人。

有一天，张老师曾经带过的学生来看她，学生毕业后很不如意，就想找老师帮忙，指点一下迷津。

那天，张老师正好感冒了，说话声音沙哑，透着疲惫，整个人看起来也不精神。

“张老师，好久没见了，挺想你的。”学生把带来的水果放下，开始跟张老师寒暄。

“是啊，好久不见，赶紧坐下吧。”张老师对自己的学生很热情，起身倒水给她喝。

很长时间没见面，学生有些尴尬，就开始没话找话说：“老师，你的声音听起来很沙哑，人也不精神，看起来比之前苍老了很多。”

听学生这么一说，张老师跟受了打击一样，脸色立刻就变了。

“我只是最近感冒了，有些疲惫。”张老师明显带着不悦。

这时，学生才意识到自己失言了，不该说老师苍老，她那么爱美的一个人，听了这话心里肯定很不舒服。

气氛一下子就变得不对了，学生也没再说自己来的意图，坐了一会儿就走了，张老师也没挽留。

※ 案例解析

在交际中，很多人都会犯类似的错误。说话不动脑筋，不看对象，最后只会冒失地得罪人，也无法达到自己的交际目的。

不论是谁，在跟人交往时都必须掌握必要的说话技巧，说话冒失，不看对象，是对他人的不尊重。懂得必要的说话艺术，才能避免尴尬，为社交的顺利进行奠定良好的基础。

交流是双方的，如果只顾自己表达，不顾对方的感受，交际就变得毫无意义了。值得注意的是，看到什么人，就说什么话。在沟通时，要懂得迁就他人的说话习惯，用对方喜欢的方式表达，如此才能获得他人的认可。这是简单的语言技巧，也是谈话能继续的保证。

有些人认为，看对象说话就是曲意逢迎，是为了讨好他人，奉承他人，从而达到自己的目的。有时为了博得对方的好感，不惜故意说假话、溜须拍马、无所不用。其实这么理解是错误的。看对象说话是为了统一大家的沟通方式，是对他人的尊重，不是心怀鬼胎、居心不良。

看对象说话是很有深意的事，其中包含了很多交际常识和谈话技巧。我们要观察对方的为人、了解对方的喜好、探究对方的社交方式等，只有摸透对方，在谈话时才能更合对方心意，跟对方有共同话题。

有些人在交际中总是人见人爱，这与他们看对象说话的交际方式是分不开的。分清谈话对象，才能灵活表达自己，才能在交往中做到得心应手。

俗话说“入乡随俗”，要适应对方的说话方式，沟通才能更顺利。

我有一个做业务的朋友，叫成为。他就很懂得这一套。有一次，他下乡谈业务，负责接待他的是小赵。他之前见过小赵，也算熟悉。小赵是东北人，性格爽朗，说话有时也不加遮拦，但能力却很不错。

“你小子最近忙什么呢？好久不见啊。”成为很豁达地说，他放下了平时的客套劲。

“哎呀，是你大驾光临啊，真是想死我了。”小赵笑哈哈地打招呼。

“公司要的货物准备得怎么样了？要是没准备好我可饶不了你啊。”成为佯装发狠。

小赵一看更加乐了：“放心吧，我不给别人准备也得先给你啊，谁让咱俩臭味相投呢。”

※ 案例解析

看似随意的谈话，其实是成为故意营造的，他深知小赵的为人，喜欢跟爽快的人做朋友。如果自己中规中矩，说话礼貌疏离，效果反而会不好。

不是所有人都爱听好话，不是所有的善意都能被别人了解。也许你说的话不是字字珠玑，但就是能说到对方心坎上，这就是看对象说话的好处——更容易被他人理解，也更容易得到他人信任。

※ 聊天要点

在与人说话时，首先要进行分类，观察对象是什么样的人，然后再决定用什么方式沟通。分类的方式有很多，可以根据他人的性格、喜好、文化程度、身份地位等，只要找到合适的切入点，就能找到很好的沟通方式，顺利拉近彼此的距离。

1. 在跟性格随意的人说话时，不要太过拘谨

有些人大大咧咧，跟谁说话都“不客气”。其实不然，他们不认为随意是不好的，相反，他们认为随意是一种亲近的表现。如果跟这样的人交流，你咬文嚼字、中规中矩，他们就很难对你产生好感。

2. 和沉闷固执的人交流时，说话要简洁有重点

这类人话少固执己见，面对他们，不要迂回说话，通过观察找出对方感兴趣的话题，然后再直截了当地询问就可以了。这类人很反感滔滔不绝，讨厌兜圈子，喜欢直接进入主题。

3. 面对傲慢无礼的人时，尽管讨厌也要耐着性子继续交谈

对这样的人，不需要太过客气，说话要有力，有自己的主见，但万不可伤害他们的面子。傲慢的人常常唯我独尊，一旦觉得丢脸，会做出不理智的事。总之，和这类人交往时既要强硬，还要适当软弱。

4. 在跟地位比较高的人说话时，要表现出自己的尊重

要三思而后行，尽量说符合对方身份的话。不能按照平时的说话方式。不需要表现出多亲切，但一定要恭敬有礼。

5. 和文化水平高的人说话时，可以对语言进行修饰

可以适当含蓄。但和文化水平低的人就不能如此了，不要夹杂难懂生僻的话，也不要文绉绉的，否则对方会很不适应。为了避免尴尬，最好多说些大白话。

6. 面对虚荣的人，多称赞

多恭维点，他们会很受用；面对深藏不露的人，最好先向对方表达自己，之后对方才会变得主动。

7. 面对性格温吞的人，要控制好自己的脾气

说话不要太急，要耐着性子配合才行；遇到自私的人时，不妨先提一些对方可以获得的好处，夸大事实，看到好处，他们自然会变得“友好”。

不论什么时候，交际都离不开交际对象。在交流时要根据对象的具体情况选择说话方式，这样才能避免失礼，才能搭建良好的沟通平台，才能达到自己的社交目的。

如果你是我，你会怎么做

很多时候在沟通上和别人产生矛盾，都是因为每个人只考虑了自己的感受，而没有站在对方的角度去思考问题。有了矛盾如何化解呢？那就是要学会换位思考。换位思考，就是要求我们不要总是抓住别人的“小辫子”不放，要学会站在对方的立场上思考问题，给对方以最大的理解。

丈夫在玩游戏的时候，妻子喜欢在旁边唠叨不停，对此丈夫很不高兴。于是，他想说服妻子不要在自己玩游戏的时候，在旁边喋喋不休，但又怕直接开口，妻子会不高兴。在经过仔细思考后，丈夫想出了一个绝好的说服方法。

有一天，妻子正在厨房做饭，丈夫站在她旁边唠唠叨叨：“小心点，别烫着手；盐放少点，别太咸；水开了，赶紧下饺子……”

妻子起初并不在意，但见丈夫唠叨不停，便生气地说：“请你住口！我懂得怎样做饭。”

只见这时丈夫笑眯眯地说：“我可爱的太太，你当然懂得怎样做饭。我这样做只是想让你知道，我在玩游戏时你在旁边喋喋不休，我的感觉如何。”

※ 案例解析

试想，下次丈夫在玩游戏时，妻子还会在旁边指手画脚吗？不敢保证完全不会，至少不像以前那样。为什么？因为这位聪明的丈夫，通过“角色置换”，成功地让妻子真切地体会到了自己的苦衷。

从心理学的观点出发，“角色置换”是指人们把交往双方的角色在心理上加以置换从而产生的心理效应现象。当妻子忙着做饭时，丈夫在旁唠唠叨叨，于是她生气了。当角色置换后，妻子成了正在玩游戏的丈夫，于是，她非常容易就明白过来：人们在做某件事情时，都不希望被人干扰，那些在旁喋喋不休的行为是那样不明智、不受欢迎！

不过，让对方转换角色、站在你的角度考虑问题，不是件容易的事，但却不是不可能。在这里就介绍一个简单而切实可行的方法。这个方法就是询问对方：“如果你是我，你会怎么做？”或者“你认为我怎么做好呢？”

下面这位广告设计师就是利用这种方法轻松地应对了他那苛求完美的客户。

刘凡在某广告公司担任设计师的角色，在这个职位他已经干了五年，可以说是经验丰富，正因如此他每次设计的作品都深得客户满意。

最近，刘凡接到一笔生意——为一种新饮料设计广告。和往常一样，刘凡绞尽脑汁，在经过细致的修改后完成了作品，他自己非常满意，办公室的同事也认为他很有创意。然而，客户看了作品之后，并不十分满意。他通知刘凡，让他再仔细想想，再多改改。原来这位客户是一个完美主义者，对什么事都喜欢吹毛求疵，再好的作品他都要挑一挑毛病。

作品没有通过客户的验收，刘凡只好拿回来修改，但是他实在想不出更好的创意。万般无奈之下，刘凡拨通了客户的电话，向他请教：“对不起，我一时还真想不出更好的方案。如果你是我，你会怎么做？”

听了刘凡的话，对方迟疑了一阵，然后回答说：“给我一天时间想想，我会结合你的作品给出要求。”一天时间很快就过去了，刘凡再次拨通了客户的电话，寻求修改意见。结果，这位客户没有给出一点意见，只好接受了刘凡的作品。

※ 案例解析

由此可见，假如你总是站在对方的对立面，去指责他身上存在的问题，那么对方的逆反心理也就越大，你们之间的矛盾也就越来越激化；而当你懂得站在对方的位置上考虑问题的时候，反而会让对方变得“不好意思”起来，主动去反思自己的错误。这样，矛盾自然会不解而破。

※ 聊天要点

1. 不要以自我为中心

每一个人都充当着不同的社会角色，有时是集数个不同的社会角色于一身，但在与人交往时一般总是呈现出某个特定的角色特征。因此，在说服别人时，人们不仅习惯于从自己的特定角色出发来看待自己、看待他人的态度与行为，而且还习惯于自我中心式的思维方式，从而引发出一幕幕角色冲突的悲剧。

2. 多与对方在感情上沟通

如果你想让别人站在你的位置上看待问题，进而说服别人，那么你就要因势利导，将别人引到你的位置上体验和思考问题，从而与其在情感上得到沟通，为说服对方奠定基础。

3. 不要打断别人的谈兴

这点也体现在多方面。例如，对对方的话题保持浓厚的兴趣、注意选择双方都熟悉又都感兴趣的话题、在对方谈兴未尽时不随便转移话题，以及结束话题时有所暗示、留有余地等，都是尊重别人的体现。

Part 4

处处想着你，你才会慢慢地靠近我

卡耐基说过：天下只有一种方法能得到辩论的最大利益，那就是避免辩论。爱争辩的人们一定要自己衡量一下，你宁愿要一种字面上的、表面上的胜利，还是让对方心服口服？在争辩里，也许你赢得了一场表面的胜利，但却因此丢掉了一个朋友，甚至树立了一个敌人，实在是得不偿失。

会说谢谢你，更要会说对不起

没有人想出错，每个人都希望自己做的事情百分之百正确，可是事与愿违的情况在我们身上发生的频率太高了，以至于我们对自己的错误想视而不见都很难。不过，犯错虽然在所难免，可是犯错后人们的反应可谓是千人千面：有的选择掩耳盗铃不去面对；有的选择文过饰非拼命掩饰；有的宁死不屈死不认账；有的直截了当乖乖道歉……

正如银行家特里的一句管理名言："承认错误是一个人最大的力量源泉，因为正视错误的人将得到错误以外的东西。"这就是道歉定律，在这里也被称为特里法则。而我们因为正视错误所得到的，除了别人的信赖和尊敬之外，更重要的是获得了端正的态度去改正错误，也避免再犯同样的错误。可见，其实道歉是从失去到得到的转折点，你失去的只是这件事的成功和一点点安全感，但是得到的却是更多的回报。看看马修是怎么从失去当中得到的吧！

我看到过这样一个故事：

马修是一家公司的会计，他在核对员工工资表的时候，因为疏忽错误，给了一位请病假的员工全薪。当他发现这个错误之后，立即找到这位员工进行解释，并且要进行纠正，多发的薪水会在该员工下个月的薪水中扣除。这让这位员工非常不满，因为他的薪水都是有安排的，而且因为生病他最近的财务已经很紧张，如果下个月的薪水一下子被扣去很多，会让他的财务状况出现严重的问题。所以他请求马修分期扣除多发的薪水。

但是这样一来，马修就必须向上司请示，这样无疑就等于让这个本来可以神不知鬼不觉地掩饰过去的错误大白天下。告诉上司自己犯了一个多么愚蠢的错误，会严重影响一向对马修信赖有加的上司对他的印象的。马修一开始也很犹豫，可是错误是自己造成的，而且给别人造成了困扰，自己当然不能坐视不管。所以，他先向这位员工道了歉，并且承诺会尽全力向上司争取，这位员工自然是感激不尽，而且放下心来。另一方面，马修很快来到上司的办公室，将事情的来龙去脉解释清楚，随后对上司说："对不起，都是我的错。"

上司开始听了非常恼火，他是很信任马修的，所以在心里希望为他开脱，所以他大骂人事部门的人没有将事情办好，但是马修非常诚恳地继续道歉："我非常抱歉，以后这种事情绝对不会再发生！但这一次，确实是我的错！"

"好吧！"上司说，"没错，这的确是你的错，那么现在你就将功补过，这件事情全权交给你去处理，别再办砸了！"于是，马修根据员工请求和公司规章很快将这件事情处理好了。错误得到了及时改正，并且没有给任何人造成麻烦，马修做得很漂亮，既获得了上司的信任又得到了那位员工的感激。自那之后，大家对他更加信赖，老板对他也更加器重了。你说，马修是不是因祸得福呢?

※ 案例解析

其实这当然不是因祸得福那么简单，做错了能及时道歉不仅可以清除自身的罪恶感，也有利于解决错误所造成的问题，更能为自己建立起一个诚实守信的形象。试想：人们是愿意跟一个巧舌如簧表面上不会犯任何错误的人交往，还是喜欢跟一个看起来不那么聪明甚至常常犯错却从不掩饰、及时道歉并修正错误的人交往呢？现在你知道如何去做了吧。

※ 聊天要点

1. 具体错误，具体分析

在错误发生之后，选择不同的方式会产生不同的结果，而且根据情节的严重程度和当时的具体状况，每一种处理方式都有它的利弊。比如，一件小事你耍了个心眼儿掩饰过去了，原本造成的伤害就不大，而现在你又将自己的错误掩饰得很好，那么别人对你的印象自然一如既往的好。如果这个错误造成的影响很严重，你也一推六二五来个死不认账，也许你可以暂时不用承担责任，但是必须忍受别人在背后对你指指点点。

2. 直接承认错误，不丢人

如果你选择承认错误，也许别人会因此怀疑你的能力。我们其实是非常害怕别人对我们的能力进行质疑的，也害怕因此而让别人看扁了自己，更害怕随之而来要承担的责任，所以很多时候我们在内心对承认错误是非常排斥的。可是从长远的利益来看，直接道歉其实是最明智的一种选择。因为虽然表面上我们好像失去了形象分，能力也受到质疑，但是我们却因此获得了谅解和改正错误的机会，还会因为勇于道歉而得到信任和尊敬。

让牙齿成为万里长城，给舌头筑一道城墙

俗话说：“良言一句三冬暖，恶语伤人六月寒。”有些人说话直来直去，不注意语气含蓄，就会让对方觉得话如针刺，让人难以忍受。也许，你是有什么说什么的人，本身或许并没有什么恶意，有时甚至是出于好心，但它造成的后果却不堪设想。这样的人，最好是给自己的舌头筑道墙。

我在杂志中看到过这样一个事：

韩嘉是一家公司的中级职员，她的心地好是大家公认的。可是一直升不了职，和她同年龄、同时进公司的同事不是外调独当一面，就是成了她的顶头上司。另外，虽然表面上别人都夸她是个好人，但她真正的朋友却没有几个。

那么，是什么原因造成了她和同事关系的表里不一呢？其实就因为她那张直来直去的嘴，说话不经过思考，影响了她和同事之间的关系。

有一次，韩嘉的上司午休回来晚了，而且满脸通红，显然是刚喝了酒。上司一走进公司就直奔自己的办公室，很明显是不想别人知道自己喝了酒。但韩嘉偏偏不识相地打了声招呼：“经理回来啦，喝多了吧？”一语毕，整个办公室气氛异常尴尬，上司也只得苦笑着离开。

类似的事情经常在韩嘉的身上发生。又一次，一位女同事带着一个很漂亮的名牌皮包来上班，同事们都争相试背。韩嘉看了一眼却说：“很明显是假货，也就你才看不出来是假的。”其实，大家早都知道是仿品，只是觉得没有必要说破，而韩嘉却毫不掩饰地道出实情。不用说，这个同事一定恨死她了。

※ 案例解析

像韩嘉这样什么事情都直来直去的女人，又怎么会有好人缘呢！往往，同样的内容和事实，因关不住自己的舌头，直来直去，就会让言语变成一把刀，刺得人心里流血。对方还会因此厌恶反感，甚至心生报复之念。相反，含蓄的语言往往比直言更易于让人接受，让对方听了心里甜丝丝的，从而对其心生好感。

还有些人，为了处处显示自己的聪明，总是和别人争辩，并且想成为最终的胜利者。这样的“硬碰硬”，既不能让对方心悦诚服，还会伤了彼此的和气。倒不如采取间接的、柔和的方式把你的想法渗透给对方，使对方更容易接受。多倾听和征询别人的意见，少一些不容辩驳的直言和争论，哪怕你觉得自己是对的。尽量做一个站在旁观者位置上的当局者，给自己的舌头筑道墙。

晏子是齐国一位非常有才干的政治家。一次，齐景公命他去治理东阿，晏子非常高兴地接受了这个任务。可是三年后，很多人都进京状告晏子，景公因此而非常恼怒，便下旨将晏子召回京城，并且准备罢免他的官职。

晏子并没有在景公面前为自己辩解，而是向景公“认错”。为了找机会澄清真相，晏子非常谦恭地说：“大王，臣已知错，请大王给小臣三年时间，小臣一定会让别人对我刮目相看。”齐景公看见晏子言辞恳切，就准予了他的请求。

三年过去了，齐景公陆陆续续收到了很多称颂晏子的奏章。景公因此而大为高兴，并准备封赏晏子。不料，晏子却不肯接受齐景公的封赏。

在景公的再三追问之下，晏子才道出了实情：“初到东阿，臣施行惠民政策，触及了坏人的利益，于是他们就在暗地里对我打击报复，进京来告我的黑状。”

晏子舒了口气继续说道：“再到东阿，我施行利于权贵的政策，这些人一看他们的利益不再被触及，于是便买通人到处称颂我，传到您的耳里，您也信以为真了。如果是三年前您封赏我，臣一定接受。所以大王，这次的封赏我是接受不了的！”

晏子言毕，齐景公恍然大悟，知道是自己当初冤枉了晏子。看到晏子是一位德才兼备的良臣，便任命晏子担任更重要的职务。

※ 案例解析

卡耐基说：“天下只有一种方法能得到辩论的最大利益，那就是避免辩论。”爱争辩的人们一定要自己衡量一下，你宁愿要一种字面上的、表面上的胜利，还是让对方心服口服？在争辩里，也许你赢得了一场表面的胜利，但却因此丢掉了一个朋友，甚至树立了一个敌人，实在是得不偿失。

※ 聊天要点

1. 即使生气，也要懂得克制

有心眼的人，即使在生气的时候，也会克制住情绪，不让恶语破口而出，以免伤害别人。因为，他们懂得，有什么说什么，不论是对人或对事，都会让人受不了。它会导致我们的人际关系出现破裂，让别人离我们远远的，免得一不小心就要承受你的打击。有时候，揭发某事的做法，去攻击某人的不公，都会成为别人利用的对象。

2. 赤裸裸的揭穿，谁都觉得不爽

其实，人性使然，几乎每个人都有一个内心堡垒，需要将真正的自我隐藏在里面才会觉得安全。你有什么就说什么，就恰好把这堡垒攻破了，把藏在里面的人生生地揪了出来。赤裸裸地暴露出来，当然会让人觉得不爽，他怎么能对你产生好感呢？

话锋不对，立刻转移，在“拐角”投其所好

在交际中，难免会遇到话不投机时的冷场，这时我们不能放弃交流，要赶紧转换新话题，避免让窘态继续。

很多时候，在沟通时我们还需要投其所好，找对方感兴趣的话题，这样才能把话说到对方心坎上，才能赢得好感。有人说过：“如果你转换的话题能让人感兴趣，那么你就是很厉害的沟通高手。”

有这样一个故事：

李东和李西是两兄弟，李东比较机灵，不管去哪里都能得到别人的喜欢；李西就显得有些木讷，尤其在跟人交往时常常因为话不投机而被大家嫌弃。

有一次，他俩都想自己开店铺，就去跟爸爸说。爸爸告诉他们：“家里现在没这么多钱，不过我有个有钱的朋友，你们一起去找他吧。谁能说动他，谁就能获得他的资助。”

下午，李东和李西就开车出去了。一路上，他俩都不说话，都在盘算如何得到父亲朋友的欢心。

“伯父，很高兴见到你。”一看到那个人，李西就赶紧打招呼，想给对方留下好印象。

老朋友只是随意点了点头，甚至都没说欢迎他们。

“伯父，我想开个商店，想请您帮忙投资一下，我爸爸说你是他最好的朋友，请帮帮我吧。”李西说得非常诚恳。

之后，李西就开始说自己的宏图大业，说得非常激动，但是老朋友越听越不耐烦，甚至开始打哈欠。

“伯父，是不是耽误了您打麻将的时间？”李东看不下去了，赶紧转换了话题。

老朋友一听打麻将，立刻不困了，他说：“你怎么知道我喜欢打麻将？”

“我爸在家常说，您打麻将的技术很高啊，我一直想跟您请教，现在终于有机会了。”

就这样，李东开启了一个老朋友感兴趣的话题，两人越说越兴奋，李西在一边尴尬得一句话也插不上。

之后，李东又在适当的时候说了自己创业的想法和优势，老朋友思考了一下，答应给李东投资。

“其实李西的创业想法也不错，要不您也考虑看看？”

在李东的劝说下，李西投资的事也说好了，兄弟俩很高兴地回去跟爸爸分享喜悦了。

※ 案例解析

“酒逢知己千杯少，话不投机半句多。”在交际中，如果你不能迅速跟他人找到共同话题，很可能就会失去一次重要的交际机会，甚至引起对方的不满。文中的李东就比较机灵，话不投机时知道立刻转移话题，保证了交流的顺利进行。

聊天时，有些人不以为意，在沟通时只顾自己的感受、说自己的话、办自己的事，如果细心观察，你会发现这种交际方式的效率是很低的。

因此，掌握一些必要的说话技巧就是一定要做的事情了。这些说来看似很简单，事实上做起来很不易。它不仅需要我们有投其所好的意识，还要身体力行地去寻找技巧。说话的人不同，寻找共同话题的方式也会有所不同。

语言是沟通的基础和桥梁，是在交际中成就自己的有力武器，学会投其所好，让自己的语言更有感染力，才更能打动别人。

跟人交流，转换话题之前，要先进行观察，如果不能找到对方感兴趣的点，新开启的话题也依然不会让对方满意。

一般而言，谈论最多的是对方的兴趣，它不会显得很唐突。可以采用抛砖引玉的方式，先说本人的爱好，再让对方自然而然地说出自己的爱好，然后寻找彼此的共同之处，这样新话题就开始了，而且还是大家都感兴趣的话题。

我一个叔叔叫老杨，他是个很热心的人，不仅酒量好，而且会说话，很多朋友接待客人，都喜欢让他来捧场，老杨每次都不负众望，把气氛搞得非常好。

朋友的女儿中考成绩不怎么样，没办法到县里的一中读高中，朋友就想通过关系来疏通一下，于是请了一位县一中的领导来家里吃饭。

领导虽然来了，但一直不愿提帮忙的事，朋友看时机不对，也不好意思开口，场面有些冷。

老杨思忖，领导从事教育工作这么久了，管理能力一定很好。

“听说您年轻的时候是位非常有能力的教师，培养了不少人才，”老杨笑呵呵地说，“现在升到了管理层，真不错。”

“有能力不敢当，管理也算是稍有经验吧。”

“我的管理能力太弱了，想跟你请教一下如何提高管理能力。”就这样，老杨转换了一个对方感兴趣的话题，形势立刻好转。朋友所求之事，最后也水到渠成了。

※ 案例解析

寻找对方感兴趣的话题，在人际交往中非常重要，要想在短时间内营造良好的沟通氛围，避免话不投机，就必须找到谈话的“契合点”。

话不投机是大家沟通的主要障碍，要是不及时转移话题，对方会拒绝继续沟通。实际上，要想成为交际高手，绝不能给对方说不的机会。通过及时观察，迅速找到共鸣点，沟通才能继续下去。

说话要投其所好，要在最短时间内让别人对你的话题感兴趣，才能慢慢靠近。这需要很高的说话技巧，平时只有注意多观察、多锻炼，才能让自己成为交际高手。

※ 聊天要点

1. 从对方的兴趣点找话题

在交际中，我们会遇到形形色色的人，有时遇到感觉不好的人时难免会尴尬，感觉话不投机。如果双方都因为话不投机而不愿多说，呆呆坐着，就无法打破尴尬局面，有进一步的发展，当然肯定更谈不上建立关系了。

最好的解决办法就是，从对方身上找感兴趣的话题，打开别人的话匣子。如果能做到这些，你必然会成为交际高手，占据操控者的地位。

在交际中，大家都是有交际目的的，都想把话说到对方心坎上，这样才能起作用。要想做好这些，就必须学会投其所好，说对方感兴趣的事。

2. 学会多观察

我们可以通过观察对方的着装、表情、言谈举止等找到对方感兴趣的点，然后打开话题，达到我们的交流目的。通常，最适合观察的是一个人的装扮，从装扮中能看到他的内涵、品位、喜好和地位。读懂这些之后，才能准确找到对方感兴趣的点。

如果不能正确观察，我们还可以适当地进行一下了解。从他人的“特点”开始主动询问，可以询问对方的事业、生活和兴趣爱好，这些通过寒暄都能知道。

3. 多注意对方的情绪

还有需要注意的是，在交谈中不要以自己为重，要注意对方的情绪，要看对方是否愿意交谈。如果发现对方不感兴趣，或在应付了事，千万不要犹豫，立刻转移新话题。你拖得越久，对方对你的好感也就越少。

只有彼此有共鸣，才能使谈话进行得更深入、更愉快。“孤掌难鸣”，以自我为中心，是无法完成交际的。

聊天时不可碰触他人的“污点”

每个人都会有或多或少的污点，毕竟人无完人。但在交际中，我们绝不能只盯着他人的污点看，甚至对其不屑一顾。这是无礼的表现，不仅会伤害他人，树立不必要的敌人，还会影响自己在大众面前的形象。

聊天其实也是一门学问，如果总是轻易对有污点的人失礼，盲目地自我感觉良好，就很容易让自己处在危险之中了。久而久之，自己也会失去人心。

我朋友张冰是高级俱乐部的会员，俱乐部每个月都会举行社交宴会，每次都会来很多名人，是拓展人脉的绝佳场所。所以，在这里，大家都会尽情展示自己的交际技术，以此来获得别人的关注。

张冰性格比较冷傲清高，她来这里的目的就是寻找完美的合作人。在交谈之中，她从别人口中听到了科技大亨Mr张的“丑闻”。

据说Mr张离过三次婚，最近的一次是上个礼拜之前。他的“小媳妇”偷了他很多钱，最后跟别人跑了。

张冰一听就对他满脸不屑，她认为这么花心滥情的人简直就是可耻的。

“Hi，你们好，我是Mr张，很高兴认识你们。”话说没多久，Mr张就过来打招呼，其他人都很热情地给予了回应。

“哼！”张冰满脸不屑，她理都不理Mr张就径直走开跟其他人打招呼去了。Mr张非常尴尬，他深深地记住了张冰。

有好几个朋友，都提醒张冰，不要太过情绪化，不能对别人无礼，哪怕是有污点的人，他也会有了不起的一面，说不定还能成为合作者。张冰年轻气盛，对大家的劝告不屑一顾。

这世界真小，后来有一次张冰跟着同事去会见客户，结果正巧碰到了Mr张，他什么也没说，只是微笑看着张冰。

这时，张冰都懊悔死了，她真后悔当初让Mr张下不了台，现在对方肯定不会跟她合作了。事实上，Mr张是非常理智的科技大亨，他没有太为难张冰，但合作期间也只跟张冰的同事详谈。此刻，张冰才真正意识到当初的失礼是多么不应该的事。

从那之后，她再也没犯过类似的错误，她时刻铭记，他人的污点绝不应该成为自己失礼的理由。

※ 案例解析

所有人都有缺点，甚至是污点。如果只盯着他人的污点看，必然会变得心胸狭隘、斤斤计较，甚至失去更多朋友而变得更加孤独。

有人说过，与他人相处时，如果只盯着对方的缺点，一天也无法跟他继续交往下去；如果在看到缺点的同时还能看到优点，那么做一辈子的朋友也没问题。在交际时，太过苛刻，眼光太过挑剔，很容易会成为众矢之的。

也许你认为轻视别人没关系，但他人会记住你的失礼，以致记恨、反感，不利于人际关系的建立。

很多人在交际中，都会犯这样的错误：喜欢拿别人的污点进行打趣。也许，开玩笑的人只是随口一说，但被说的人心里肯定会很不高兴。如果没有眼力，通常得罪了人还不自知。总之，在交际中一定不要随便看不起人，不要看到有污点的人就侧目，你的一时失礼，会为以后的人际关系埋下祸患。所以，要时常约束自己，不要做失礼的事。

“打人不打脸，揭人不揭短。”当面对有污点的人时，一定要避开提及其污点的话题，如此才能避免失礼，不致引起对方不悦。当有人说及某人的污点时，我们也不要太当真，要根据自己的是非观念来判断，更不能听完之后就大肆宣扬，表达对当事人的不满。

拿别人缺点说事的人，不仅会得罪当事人，旁人也会认为他无知，反而会损害自己的形象。当听到闲话时，我们还要及时制止，体现我们的理性和睿智。

有一次，我和前同事李亮一起吃饭，他给我说过他遇到的这样一个故事：

李亮是个朝九晚五的上班族，他最爱在下班的时候买水果。一天，楼下来了个卖水果的新摊，他决定去买一些。

结果，他挑完水果之后才发现自己的钱包不见了，他找了很久也没找到。当时，真是尴尬极了。

“你是李亮吧？”卖水果的男子居然认出了他。

“对，对，我是。”李亮连声承认，但却不认识摊贩。

“我是小杜啊，之前在你们公司上过班，你不记得了？”

说到这里，李亮才有了印象。当时，小杜娶了一个长相难看的妻子，大家没事都笑话他，只有李亮一直很尊重他，肯定他的工作能力。

“这些水果你拿着吃吧。”小杜非常热情，让李亮感动不已。

※ 案例解析

虽然是件小事，但不难看出，多肯定他人的优点，少说缺点是赢得大家喜爱的好办法。

如果在谈话时，非要提及他人的污点，这时就要掌握正确的方法。语言要含蓄，说法要委婉，最好一带而过。如果说话太过直接，很容易伤害对方的自尊，将矛盾激化。

每个人都有缺点，如果我们能客观真诚地看待他人的评价，相信他人也不会说什么。但万不可出言不逊、幸灾乐祸，如此失礼，后果会很严重。

交际是个彼此照应的过程，如果你能面对他人的污点不失礼，来日自己犯错时，对方也能保全你的尊严，以礼相待。这个简单的道理，想必很多人都知道，但往往因为感情偏见，而用有色眼镜看待别人。其结果也无非是逞一时之快，害人害己。

在跟别人说话时，要客观看待他人，讲究正确的交谈策略，不主动提及他人的污点，不碰他人的伤疤，用温和的态度以礼相待。你会发现，你的世界会明朗许多。

※ 聊天要点

1. 不要信口开河

社会中人际关系是非常复杂的，如果不能说出得体的好话，就不要信口开河。有些人就喜欢背后说别人的污点，到处宣扬，甚至当面出言不逊，做出失礼的举动。这是所有悲剧的开始，很多后果往往是不能预料的。

2. 不要说失礼的话

跟人交际时，要时刻注意对方的面子。毕竟在交际场合，面子对每个人的意义都是非常重大的，所以最好不要做失礼的事。不要逞一时之快，而在人际关系中落于下风。

在交际中，为了给他人留下好印象，我们会刻意注意很多问题。如果你对有污点的人失礼，给他人留下不懂事的坏印象，于己于人都是有害无利的。

3. 多肯定对方

每个人都有想得到肯定的心理，在跟人相处时，要多肯定他人的优点。每个人都有优点，也会有污点，多肯定他人的优点才能跟大家友好相处。当别人都在拿他人的污点说事时，如果你能肯定他的优点，必然会得到感激，他日获取帮助时也会容易许多。

友谊是一盏明灯，照亮了我的灵魂

友谊可以算得上是这个世界上最宝贵的东西。古往今来，无数文人墨客都曾书写过对友谊表达敬意的诗章。孔子曰："有朋自远方来，不亦乐乎！"唐代诗人王勃写下了"海内存知己，天涯若比邻"的诗句；李白形容友谊比金重比渊深："人生贵相知，何必金与钱。""桃花潭水深千尺，不及汪伦送我情。"大作家巴金先生写道："友情在我过去的生活里就像一盏明灯，照亮了我的灵魂。"这些文人墨客在告诉我们，人生在世最不可或缺的就是友情；有了友情，人生才可称得上是幸福，所以，友谊是最宝贵的。那么我们应该怎样去珍惜友情呢？

"化妆品女皇"玫琳凯就曾经用真诚和赞美，将一名要轻生的女孩拯救了回来。

她曾经在海边看到一位脸上充满忧郁的女孩子。玫琳凯当时微笑着问她："您好，我是玫琳凯，我可以和您谈谈吗？"

女孩子一声不吭，依然孤独地坐在那里，似乎没有要理玫琳凯的意思。温柔的玫琳凯继续说道："虽然你此刻看上去很忧郁，但是你依然很美。你要是有什么难过的事情，可以和我说说，我愿意做你的情感垃圾桶！”

女孩子思索了一阵，就和玫琳凯诉说了起来。玫琳凯在倾听的过程中一直投以真诚的眼神，并在适当的时候点点头。聚精会神的玫琳凯，让女孩子觉得自己得到了理解和关注。最后，女孩子还告诉玫琳凯，自己今天来海边的目的其实是自杀，因为自己所爱的那个人在事业有成后就抛弃了她。

听过女孩的倾诉后，玫琳凯不但为她感到愤怒，还大骂那个男人是个混蛋。最后，玫琳凯真诚地鼓励女孩："世界上这么多好男人，你一定会找到一位真心爱你、对你负责任的男士的。你这么漂亮，连女人见了你都这么喜欢你，更别说是男人了。因此，你一定要打起精神来啊！”

最后，女孩开心地对玫琳凯说："我从未和别人分享过这些，通过你对我说的话，我才算是真正认识了自己。现在我相信，明天会更美好的。”

※ 案例解析

俗话说“人心换人心”，想要赢得别人的尊重，首先自己要对别人付出一份真心。这也是获得朋友的秘决。所以，想要得到朋友的关心和体谅，对待朋友就必须付出一颗真诚的心。

也许你自觉对朋友好就是请他们吃喝玩乐，但是，这些并不能让朋友对你树立起太大的好感，反而会加重朋友在应酬方面的负担。

一个善于交朋友，关心、体贴别人的人，一定是个能为对方着想、欣赏对方、处处满足朋友需要、解决他们的困难，而又避免去麻烦对方的人。所以，想要受人尊重，“锦上添花”是不够的，“雪中送炭”“人心换人心”才是最重要的交际艺术。

古人说得好，“路遥知马力，日久见人心”，只有真情付出才能让友谊地久天长。如果你对朋友始终是以诚相待，还怕得不到别人的尊重吗？

※ 聊天要点

1. 对待朋友要真诚

想要别人怎么对你，你就先得怎么对人。和朋友聊天或交际时，你要懂得，朋友不需要虚情假意，唯有真诚才能换得朋友的真心。

2. 多为朋友送上真心

朋友不是你交际圈里的普通人，朋友是最需要帮助时雪中送炭，需要你付出真心的人。你对朋友没有真心，那将会失去朋友。

3. 对待朋友要付出真情

唯有真情能让友谊天长地久；唯有真情能让友谊永恒不变。当你对朋友失去了真性情，失去了以诚相待的心，友谊的小船，就会说翻就翻。

一时得意，也会有失意来临；一时猖狂，也会有落魄来品尝

人生不会永远一帆风顺，谁都有时运不济的时候，不论何时都要给自己留一条后路，凡事不能做绝。得意时，不要把别人逼进死角，要给对方台阶下。这不仅是给对方机会，也等于是为自己留了扇窗户。

“三十年河东，三十年河西”，如果当初给他人留了后路，落魄时对方也会对你伸出援手；如果之前太过盛气凌人，别人只会给你一脚，落井下石。

前几年，我的妹妹刘静大学毕业，毕业后，刘静和她的同学王艳进了同一家服装公司。因为是好友，俩人相处得很和睦。但后来，我妹妹刘静就开始和我发牢骚，而牢骚的主要原因是两个人开始暗地里较劲，都想早日评为“优秀员工”，好升职加薪。

有一次，刘静整理的数据出了问题，领导在办公室里狠狠批评了她：“你来公司这么久了，怎么都不长心啊？这么简单的事你也出错，真是让我太失望了。”

这时候，王艳正好也来交东西，看到这一幕不但不给刘静台阶下，还趁机添油加醋地讽刺：“我们是同一天来公司的，算算日子也不短了。”王艳的讽

刺之意非常明显，刘静心里很生气。

领导又批评了刘静几句才让她出去重做。

“你刚才在办公室为什么添油加醋地告我状？再怎么说我们也是校友啊。”刘静拦住王艳质问她。

“我哪有啊？”王艳还不承认。

“你还不承认！以后你别有事求到我！”刘静一时生气，开始发火。

“求你？哼，我才不会出错，咱们今天就一刀两断，以后走着瞧。”王艳把事做绝了，没有考虑这样做的后果。

三个月之后，刘静被评为“优秀员工”，提了组长，成为王艳的上级。当时，我告诉刘静虽然她成了组长，但也不要对王艳有什么报复，毕竟俩人是同学，也是好友，千万别因为工作上的事失去了一个朋友。刘静也听进去了我的话，没有对王艳有什么刁难。但她后来告诉我，她和王艳再见面时，还是会尴尬，而王艳因为当时说话带刺让她再面对刘静时很不自在，最后没办法，还是辞职，重新找工作了。

※ 案例解析

俗话说：“饭可以多吃，话不可以多说，事不可以做绝。”这是为人处世的重要原则，也是中庸之道的重要体现，不给别人带来压力，同时给自己留一条后路，何乐而不为呢？王艳最后只能辞职走人，就是因为当初事情做得太过，不懂得适可而止，丝毫不给自己和别人留余地，最后只能自食苦果了。

我们周围总有这样的人，年轻气盛、做事冲动，凭借一时之气，总喜欢把话说绝、把事做绝，最终把自己逼入窘境。把事做得太绝，就好比杯子里装满了水，继续加水之后只会溢出，很难再满。

懂得适可而止，给自己留条后路，你的世界将变得更平稳、更宽广。这就好比是在打仗的时候，给自己选择了有利的地理位置，可退可守；把自己放在了最安全的位置上，这样我们就将永远立于不败之地。

相反，不懂适可而止就等于把自己逼进了死角。没有危险还好，一旦发生意外，必然会退无可退，只能受伤。所以，聪明的人不管在什么时候，都会给自己、给别人留余地，既给了别人面子，又给自己留了后路，何乐而不为呢？

我有一个朋友叫王琳。王琳大学毕业后，找了份很不错的工作，待遇丰厚，活儿也不累，还有大把的休息时间。

她有些小虚荣，特别喜欢在别人面前显摆自己，炫耀自己有钱，彰显自己有追求、有品位。

每次见到朋友，她都会说："我的梦想就是环游世界，见识形形色色的人和事，那时，我就再也不是平庸的井底之蛙了。"

起初，大家都以为她说的是真的，都称赞她是浪漫主义者。

但是很久之后，她还是逢人就说自己要环游世界的梦想。渐渐地，大家都开始反感。

我们有一次聚会，一个朋友忍不住嘲讽她："你不是说一定要去环游世界吗？那你去过多少国内的旅游景点呢？"

王琳尴尬地说："几乎都没去过。"大家忍不住嘲笑她。

我当时赶紧出来打圆场说："没事，没事，计划往往赶不上变化，王琳的计划肯定会慢慢实现的。"

我的及时救场，让王琳感激不已，从那之后，王琳时不时就送些礼物给我，在我需要帮助的时候，王琳也总是伸出援手。

※ 案例解析

每个人都有陷入尴尬、遇到困难、需要及时救场的时候，这时如果我们能为他人铺就一条出路，就等于给自己留个后路，以后也好办事。

在跟他人交往时，要懂得为别人考虑，得饶人处且饶人，不要把对方逼迫到无路可走。对他人仁慈一些，就是给自己留个机会。

还有，我们要端正自己的态度，不要拜高踩低，不要戴着有色眼镜看人。有些人比较势利，看着他人落魄就冷眼相待，甚至认为对落难者的投资是无用的。因此，面对请求能躲就躲，不愿意伸出援手。其实这么做是不对的，在关键时刻要帮助他人，谁都有机遇不好的时候，现在落魄不等于永远不济，之后说不定还大有作为。

再者，我们还要有多在冷庙烧香的见识。平时有意识地多帮助时运不济的人，等他们有朝一日飞黄腾达之后，通常都会涌泉相报。这么做，也等于为自己留了后路。

做事留有余地是一种豁达睿智的表现，可以感动人心，得到别人的支持。要想在交际道路上走得更远，给自己留条后路是最好的方式，一旦发生不利的事，还会有回旋的余地，不致太孤立无援。

※ 聊天要点

1. 说话要懂适可而止

每个人的生活都会有起伏，甚至会是一种轮回。一时得意，也总会有失意来临；一时猖狂，也会有落魄来品尝。如果不懂得给别人留余地，不懂得适可而止，甚至借机落井下石，之后必然会受到打击。说话适可而止、留有余地，才是保护自己的最好方法。

2. 说话要有智慧

说话是需要智慧和胸怀的，有些事你再有把握，也不能万分肯定，更不能把话说绝，丝毫不给人留下质疑的余地。这么做不但会引起他人的反感，还可能给自己带来后患。

3. 为自己留条后路

生活中说大话的人很常见，做事很绝的人也很多，这些人通常都不受人喜欢。如果你仔细观察，就会发现那些聪明人常常会为自己留余地。

要想给自己留后路，就必须从各方面严格要求自己。首先，要学会说话，话不说绝、适可而止。不论因为什么，都不要把对方逼入死角。

没能力做好的事，不要随口应承；有把握做好的，也要含蓄地说，留下空间。如果别人遭遇尴尬，或一时非常失意，我们不要嘲笑，拿出自己的宽容大度，为他人开一扇门，对方必将无比感激。

让提问成为一种艺术，艺术让语言得到升华

我们来看两道题目：

假设你是一家大型公司的人事部经理。全球经济危机爆发后，公司预计需要裁掉900人。现在有两种可供选择的减少裁员人数的计划。对于这个计划的确切预测如下：

采纳甲计划，将有300人免遭裁员；

采纳乙计划，900人中1/3的概率免遭裁员，2/3的概率将被裁掉。

假设你是一家大型公司的人事部经理。全球经济危机爆发后，公司预计需要裁掉900人。现在有两种可供选择的减少裁员人数的计划。对于这个计划的确切预测如下：

采纳甲计划，将有600人被裁掉；

采纳乙计划，900人中1/3的概率免遭裁员，2/3的概率会被裁掉。

对这样两道题，你会选择哪种计划？先看第一道题，很多人认为甲计划比乙计划稳妥点，因为乙计划有2/3的人必须被裁掉。所以，大多数人选择甲计划。对于第二道题，很多人则会选择乙计划，他们认为不妨试一试，因为这样有1/3的概率免遭裁员。

其实这两道题表述的意思是一样的。将有300人免遭裁员，那就意味着肯定有600人被裁掉，同样乙计划中的两种情况也是一样的。不同的只是表达方式有别，前者强调的是免遭裁员而后者强调的是裁员。

这两种情况，对于思维较清晰的人来说是一样的。但是在让一般人就两种情况作选择时，不同的表达方式却导致了不同的结果，为什么呢？

究其原因，只有一条——大多数人会受风险规避的正常心理影响。因为如果强调免遭裁员，那么一般人会认为这是一种幸运，经济不景气，能减少裁员尽量减少裁员，这样的情况下，人们会选择风险规避。但如果强调的是裁员，

那么一般人会认为这是一种不幸，看着 600 人被裁掉，大家心里都不好受。可见有时候用不同的叙述方式来描述同一个事物，会让人作出截然不同的决策，我们把这种效应称为“语义效应”。

“语义效应”在生活中到处可见，有这样一个生活插曲：

某位先生收拾东西，准备离开宾馆，服务员见到后问：“先生退房吗？请等一下，我们去检查一下房间，看是否有物品损坏或丢失。”这位先生大发脾气，说：“你们就这样对待客人？”隔了一段时间，这位先生又住到这家宾馆，离开的时候，服务员同样要求检查房间，只是说法改变了，她说：“先生退房吗？请等一下，我们去检查一下房间，看您是否有东西落下了。”这位先生听了非常高兴，说：“你们想得真周到。”

还有一个很有意思的小故事。

有一次一个年轻的牧师问主教：“主教，请你告诉我，祷告的时候可不可以吸烟？”主教严肃地摇了摇头：“祷告是如此重要而严肃的事情，祷告的时候应该心无杂念专心致志，当然不可以吸烟。”过了几天，这个年轻的牧师又问主教说：“主教，请你告诉我，吸烟时可不可以祷告呢？”没想到主教的回答却是：“当然可以，我们可以在任何时候祷告。”

※ 案例解析

同样的两个问题，主教的回答为什么前后不一致，甚至自相矛盾呢？正是“语义效应”在起作用。

心理学家发现，很多时候，怎么说话要比说什么话更为重要。换句话说，在表达同一个意思的时候，甲种表达会得到正面的回答，而乙种表达得到的结论可能相反。真的是这样吗？我们不妨看看下面的实验。

曾经有一位心理学家向不同的对象询问了下面两个问题中的一个：

你认为大学老师是否应该放纵大学生谈恋爱？

你认为大学老师是否应该管束大学生谈恋爱？

表面上看起来，这两个问题好像问的是同一件事情，但得到的答案却有所差别。当人们被要求回答大学老师是否应该放纵大学生谈恋爱时，80% 的人持否定看法；而当人们被要求回答大学老师是否应该管束大学生谈恋爱时，有 50% 的人持肯定看法。

从思维逻辑上说，放纵就是不管束的意思。可是，对这些发表意见的调查对象来说，回答“放纵”比回答“不管束”的人竟然少了 30%。

后来，有心理学家重复做过三次类似的实验，每次都得到与“学生恋爱”类似的结果。这些实验，第一次与最后一次时间相差 30 年，相对于“放纵”类问题来说，“管束”类问题使得支持学生恋爱的人数大增，其中的原因可能是失去爱情更让人痛楚。

※ 聊天要点

1. 注意说话用语

聊天时，谁都希望听到自己想听的，而不希望听到刺耳的。因此，我们在和其他人聊天时，哪怕有好奇心、有想问的问题，也要注意说话的用语，不要给对方带来不舒服的感觉。

2. 注意说话语气

当你聊天或提问时，除了用语需要注意外，更需要注意语气。一个人的语气最能体现他的态度。当你语气生硬，哪怕你用词非常小心，对方也不会对你有好感。因此，不要把自己的负面情绪带到自己的语气当中，不要让你的语气成为你聊天时的拖累。

3. 注意说话方式

在其他一些说服实例中，“怎么说话要比说什么话更为重要”也得到了验证。

生病后，大家都不希望做手术。因为动手术不仅痛苦，而且有风险。虽然说现在的医术发达，大部分手术都能成功，特别是在一些条件优越的医院。但是一想到可能有的哪怕很小的危险会危及生命，很多病人在面对是否选择手术治疗时都要掂量一下。不过，研究证实，同一个数据，用手术成功率来说服病人接受手术治疗要比用死亡率来说服病人有效得多。另外，同样的存活率，不一样的表达方式也会产生不同的效果。

让我们看看下面的两种方式：

方式一：医生对病人说“如果做手术，能让你的存活率从80%增加90%”。

方式二：医生对病人说“如果不做手术，你的存活率将从90%降到80%”。

客观上讲，这两种方式结果是一样的，都是说手术能增加10%的存活率，只是在表达方式上有所不同，得到的效果也不同：使用方式二的医生往往比使用方式一的医生更能让病人接受手术，因为他们不想失去10%的存活率，而对能否得到额外10%的存活率相对关心得较少。

这里没有伦理道德问题，医生没有夸大其词，也没有歪曲事实，更没有隐瞒任何信息。站在医生的立场上，他们只是希望病人不要害怕，更加勇敢地接受治疗，才使用方式二来说服病人。

其实，使用方式二之所以更能让病人接受手术，其根本原因在于方式二把病人从风险规避下的敏感心理状态中解放了出来，帮助他们更加客观地对待手术。

这个现象提醒我们，字里行间隐藏着陷阱，提法不同，答案不同。一般来说，在表述自己的观点时，我们既可以正面强调它带来的好处和利益，也可以从反面阐述如果没有它会招致的损失，而哪种方式更有说服效果呢？根据损失规避原则，一般人害怕损失的心理大于得到利益时的高兴。也就是说，强调推行一样举措所带来的成本的损失达到的效用，要比仅强调其正面的好处更有效。

Part 5

学会假装，越是糊涂人们越爱

有句话说得好，“聪明难，糊涂更难”。古往今来，能容人之忍的人，往往都能成就一番大事业。常以“难得糊涂”自勉的郑板桥，是“扬州八怪”之一。欲成大事者不拘小节，放眼未来，不要凡事都斤斤计较，只有这样才能让自己超脱平凡，终成大业。

回答有技巧，有些问题可以“听不懂”

很多时候交际如战场，会遇到形形色色的人，当然也会遇到让人难以回答甚至不怀好意的提问。如果不懂谈话技巧，就很容易让气氛变得尴尬，甚至得罪人。在面对自己不想回答的问题时，要学会答非所问，巧妙化解，这样既不失礼，又保全了自己的面子。

有些人就是因为不善于巧妙地回答提问，而让自己陷入被动又无法让对方满意。如果不懂变通，就无法掌握聊天之术。

我的朋友小齐在保险公司干了很多年，能力没的说，就是不会说话。每次跳槽都是因为处理不好跟领导的关系。

再次辞职之后，小齐非常郁闷，整天借酒浇愁，还老抱怨没有人懂他。后来，好不容易有个老朋友想帮他一把，还是被他搞砸了。

老朋友想把小齐介绍到朋友张老板的公司，特意摆了一桌酒席，千叮咛万嘱咐，要他好好说话。

酒过三巡之后，张老板了解到了饭局的意思，问小齐说：“听说你的业务能力不错，为什么辞职啊？”

小齐不假思索地说：“因为跟老板的关系不和，不知怎么就得罪了他。”老朋友一听就不高兴了，他想小齐怎么还是如此不会说话，赶紧打圆场说：“小齐比较实在，跟你开玩笑呢。他的业务能力挺好的。”

老板对小齐有了几分了解，不动声色地问：“那你期望的工资是多少？”

小齐马上就要开口说越多越好，老朋友赶紧抢先说：“大家交情不错，你根据他的能力给吧，他不会过多计较的。”

纵然老朋友在中间一再周旋，但小齐的表现还是让人不满意，最后老板找了个借口，离开了饭局。

“你怎么这么不会说话啊？我都帮你到这份上了你还是不争气，以后千万别再找我帮忙了。”最后，老朋友面子过不去，也撒手不管了。

小齐一个人坐在那里，又生气又无奈。

※ 案例解析

在交谈中，不要回答别人想知道的问题，要回答自己想回答的问题。尤其是在重要的场合，巧妙的回答不仅能让人满意，还可以显示自己的能力和才华，让对方产生好感。小齐是个不会回答问题的人，不加思考、不计后果的回答，只能暴露自己的短处，影响自己的形象。

在跟别人谈话时，哪怕是很熟悉的人也要好好回答对方的问题。从回答问题的方式，对方就能看出你的为人，从而直接影响别人对你的印象。有的人认为，话多说一句少说一句都没关系，所以在回答问题时常常信口开河，或毫无保留地据实回答。事实证明，这是不可取的。

这时答非所问就派上用场了。答非所问可以让我们巧妙地绕开他人的话题，既能避免尴尬或不怀好意，又能避免失礼，以免引起不必要的麻烦。懂得运用答非所问方式巧妙回答问题的人，总能在社交中如鱼得水，赢得“柳暗花明又一村”的新局面。

要想做到答非所问，就要懂得“揣着明白装糊涂”。这样的人不是傻瓜，而是真正的智者。面对尖锐的问题，回答会让我们感觉尴尬，不回答又显得不够大气。假装听不懂其中的含义，用其他方式回答就会刚刚好。

听以前做 HR 的朋友给我讲过这样一个故事：

小王是刚入职场的新人，因为初生牛犊不怕虎，一来就得罪了很多人，这让他吃了不少苦头。后来，虽然他也意识到了不妥之处，但平时跟人聊天时还是有人故意刁难他。

在一次培训的时候，小王因为早晨有事迟到了五分钟，这可不得了，这让他一时成为众矢之的。张老师是这里的老人，带头为难他：“哟，小王，你可是从来不迟到的，今天培训怎么迟到了？莫不是对领导有意见？”

面对这么故意为难的问题，小王很生气，但也不敢跟张老师对着干。于是他灵机一动说：“张老师，您来得真早，早就听别人说您是单位的楷模，以后我得跟您学习了。”

张老师还想发问，小王立刻打断他：“听口音您是北京人吧？我外婆家也是北京的，有机会到北京请您吃饭。”

就这样，小王通过转移话题，巧妙逃避了张老师的刁难，避免了尴尬，解除了危机。转移话题、转移对方的注意力通常都能收到类似的效果。

※ 案例解析

遇到实在不想回答的问题，还可以曲解对方的意思，假装听不懂，用糊涂方式应付过去就行了。

很多时候，那些谈资经验十分丰富的人很会设计谈话陷阱，如果按照常规的思维方式，必然会掉进语言陷阱，而巧妙曲解就不会如此了。

如果对方的问题很有难度，或者一时不知如何回答，可以通过反问把问题抛给对方，让对方替自己回答。如此一来对方可能会因为不好回答而放弃刁难，或者自己也可以根据对方的回答而取其精华。

总之，在交际中难免会遇到些不怀好意的刁难者，他们总会设置一些语言陷阱。如果我们不懂，答非所问，就会陷入被动，被对方牵着鼻子走。所以，要培养自己绕开话题的意识，既给了对方有力的还击，又彰显了我们的智慧，这是最好不过的了。

在交谈时，除了可以通过以上几种方式来应对他人不怀好意的问题，更主要的是随时保持敏捷的思维，寻找对方话语里的突破口。只有如此，才能把问题回答得更好，才能一直占据交际的有利地位。

※ 聊天要点

1. 凡事不可太过认真

有些人无法做到答非所问，他的人际关系就显得比较紧张。凡事太过认真，就显得心胸狭隘，斤斤计较，这是交际中的忌讳，千万不能老犯类似的错误。遇到难题，要学会轻松绕行，这样才能把交际问题做得更好，达到自己的社交目的。

2. 不方便回答，要学会暗示

遇到不方便正面回答的问题时，可以通过暗示让对方明白其中的意思，或者表达自己的不满，言在此而意在彼。这是一种有效的缓冲方法，将对方扔出的“炸弹”威力降低，也可以给对方一个含蓄的警告或下马威。如此，对方才能意识到自己的问题并加以改正。

交际中，很多时候都不能“打开天窗说亮话”。要通过巧妙的暗示将难以回答的问题变得简单，同时让气氛也不会太尴尬。所以，要学会通过暗示表达自己的意思，巧妙地回答问题。

3. 不想回答时，转移话题

巧妙转移话题也是答非所问的重要方法。面对不想回答的问题，不妨当作没听到，开启新话题，这是很常用的说话艺术技巧。主动转换话题，主导谈话方向，这样才能在聊天中占据主动，避开“雷区”。

做个糊涂人，人缘更好些

毛主席曾说：“凡事就怕‘认真’二字。”意思是说，只要认真，便没有什么事情是做不好的。然而，有的人却忽略了“认真”和“较真”的区别，在只需认真对待就能做好的事情上过于较真，最后导致什么事都做不好。“认真”

和“较真”都表示一种状态，都表示对“真”的追求。但“认真”是褒义词，而“较真”通常被看作是贬义的。两者最大的差别在于，认真是追求真理，不含糊；较真则是指人们对一些细枝末节的事过于执着、认死理，不懂变通。

玩世不恭、游戏人生的态度是万万不可取的。但也不能太一根筋，太认死理，这样只能让自己走进死胡同。有道是“水至清则无鱼，人至察则无徒”，生活本就是不完美的，太过较真，眼里容不得一点沙子，就会有太多看不惯的事。

人无完人，如果总是苛求别人，放大别人的缺点，容不下别人，肯定没有人愿意和这样的人交朋友。一颗心过于较真，就把自己同社会隔离开了。

生活中看似平坦的东西未必平坦。我们常用“平滑如镜”来形容某个东西表面平坦。但是，如果把看似平滑的镜子放在高倍放大镜下，你会发现它们的表面并不像我们用肉眼看到的那样光滑，而是布满了凹凸不平的“山峦”。

看似干净的东西，在显微镜下观看，就会发现很多细菌。如果我们总是戴着“放大镜”“显微镜”去看周围的人和事，必然会觉得处处不平，到处是缺点。

家庭矛盾最常见的就是婆媳问题，婆媳双方的矛盾很多时候就是由于其中一方或双方太较真导致的。在同一件事情上，两代人各有各的看法，公说公有理，婆说婆有理，硬要争执下去，最终只会落得伤和气的结局。

我的朋友章琳婚后和婆婆生活在一起，难免会有一些摩擦。开始时，年轻的章琳遇事总是爱较真，经常为了一些琐事和婆婆闹翻。举个例子来说，章琳喜欢把菜做熟了再放盐，婆婆就会过来说：“这样的菜不能吃。”章琳就会辩驳道：“专家说这种做法对人体有好处。”婆婆马上一脸不悦地说道：“一家人吃了几十年我做的饭，也没看出什么不好的地方？”章琳二话不说，跑到屋里找相关资料给婆婆看，虽然婆婆看了后不得不承认这是科学，但是因为面子，她几天都没有好好理过章琳。

这样的情况越来越多，婆媳关系也闹得很僵，甚至双方几天都不会说上一句话。章琳的妈妈过来小住了几天，看到这种情况，狠狠地说了章琳一顿，骂她死脑筋：“没必要和自己家人这么较真，这世上哪有完美无缺的人啊？你看，婆婆帮你们操持家务，你怎么不理解下长辈的辛苦，就在这些没有用的地方上挑刺！”章琳挨了骂后，觉得妈妈说得也对，婆婆在家里包办了大部分家务，给工作忙碌的小两口大大减轻了负担，自己怎么就不能多看看婆婆的好，选择性忽略那些小分歧呢？从那以后，章琳再也不在小事上与婆婆争执了，她发现原本那些看不惯的小事忍下不说，也没有对他们的生活造成多大的影响，反而使得家里的气氛变得更加融洽。

一年后，章琳生了小孩，小孩得到了婆婆的热心照顾，婆婆还是经常会说哪些是该做的，哪些是不该做的。婆婆说的都是她们过去用过的照顾小孩的经验，虽然在章琳看来有些做法按照现代标准来说确实是不科学的，但是她明白不能反驳婆婆的好意。她深刻地明白，婆婆的那些唠叨是对他们的关心和照顾，即使有些话是不正确的，但是老人家的出发点总是好的，都是为了孩子好。只要在大方向上达成了共识，何必为了枝节小事伤了和气呢？

※ 案例解析

人与人之间的互相理解是十分重要的。每个人在做事时都难免有这样那样的不足。古语说得好：人非圣贤，孰能无过。凡事都爱斤斤计较，只会让自己徒增烦恼。

“扬州八怪”之一的郑板桥，常以“难得糊涂”自勉。有句话说得好，“聪明难，糊涂更难”。古往今来，能容人之忍的人，往往都能成就一番大事业。欲成大事者不拘小节，放眼未来，不要凡事都斤斤计较，只有这样才能让自己超脱平凡，终成大业。

实际上，能做到胸怀宽广的人毕竟是少数，正因为如此，世人才有那么多烦恼。每个人都会有犯错的时候，当你敞开了胸怀让自己不去在意别人那些小毛病的时候，你会发现其实那些毛病都不是问题。

与陌生人较真是浪费精力，与自己的亲朋好友较真更是一种伤害，与水平不如自己的人较真就等于把自己降得跟对方一样低。最愚蠢的莫过于和自己较真，在这个世界上，如果你自己都不爱自己，不能包容自己，还能指望谁来包容你、爱你呢？

学会不去较真，并不代表自己傻。遇事多往好的地方想想，站在别人的角度上去思考一下，体谅别人的难处，为人处事多些宽容与和谐，你才能向更多的快乐和幸福靠拢。

※ 聊天要点

做个“糊涂人”，语言方面就不能太“精明”。因为学会含糊语言，你才能成为一个明明白白的糊涂人。

下面，介绍几种常见的语言含糊法：

1. 宽泛式含糊法

宽泛式含糊法，是用含义宽泛、富有弹性的语言传递主要信息的方法。

2. 回避法

适当的含糊，可以使你在表面上显得又痴又傻，可实质上的机智又非常人能比，分明是大智若愚。

3. 幽默法

在人际交往中，幽默法是高度机智的产物。尽管对方和自己都知道其中的“痴”和“傻”，但客观上会因“痴言傻语”的俏皮味而引发幽默谐趣。

含糊其辞可以避免把话说死，给自己留下一个较大的回旋空间。这样说话既不得罪人，又可保全自身，实在是一种难得的智慧。

说话要谨慎，并非谁都可以掏心掏肺

在人际交往中，我们可以和任何人和平相处，但我们不可能和所有的人成为朋友。聊天时，完全不必推心置腹地跟所有人交流。

在聊天时，一定要切记：不是所有的人都是可以推心置腹的。就算是朋友，我们也要先慎重选择，找到一个或几个真正可以掏心掏肺的朋友，敞开心扉，推心置腹地交谈。

听朋友讲过这样一个故事：

韩玮和杨秀是同事，韩玮是一个真诚的人，对谁都特别实诚；而杨秀是一个特别精明、圆滑、有野心的人，为了自己的利益可以不顾一切。

然而，韩玮并没能早点儿看清杨秀，一直把她当成自己最好的朋友。因为杨秀很会隐藏和伪装自己。

老总的儿子华瑞刚从美国留学回来，对韩玮一见钟情，并通过努力和不断的追求，终于打动了韩玮。华瑞和韩玮恋爱关系确定后，公司里的很多年轻女性都对韩玮又羡慕既嫉妒，这其中也包括杨秀。

有一天，韩玮邀请杨秀去喝酒。在酒过三巡后，韩玮哭了，杨秀觉得很奇怪。

然后，韩玮说："秀，你知道吗？我其实心里最爱的人不是华瑞。我大学的时候有一个感情很深的男朋友。但是，他出车祸离世了。他死后不久，我发现自己怀了他的孩子。为了爱，我把孩子生下来了，并交给他父母抚养。这是我唯一能为他做的事情。"

杨秀听到韩玮内心深处的秘密后，惊讶之余，又很窃喜。

后来，杨秀把韩玮生过孩子的事情通过其他方式传给了华瑞，华瑞很快就提出了分手，而韩玮无奈地放弃了这段感情，辞职离开了。

※ 案例解析

在交际中，我们都希望能有推心置腹的朋友。但是，你一定要清楚地知道，不是所有的人都可以推心置腹。

就像韩玮和杨秀，她们是朋友。但最终韩玮向杨秀说了自己的秘密后，却被自己视为朋友的这个人出卖了。

我们在与那个可以推心置腹的人交流的时候，往往袒露的都是自己内心深处的情感或秘密。如果我们选错了人，就会给自己带来非常惨重的后果。选错的那个人往往会把你的隐私视为你的弱点，并利用你的弱点把你打倒，或利用你的弱点达到某种目的。

也许，你会觉得是别人出卖了你。但其实，要怪的人应该是你自己，是你自己选错了人，是你自己把他（她）当成可以推心置腹的朋友。选对了人，你推心置腹的倾诉，可以缓解你内心的情绪，也可以得到他人的安慰和帮助，并能加深你与对方的感情。或许，对方也会把心底的秘密告诉你，你们就会成为交流最深的朋友；选错了人，你的倾诉，就会成为对方利用你的把柄。所以，在你没有能力看清一个人是否值得信任前，最好避免与别人推心置腹。

你一定要找你信任的人、你最了解的人、你知根知底的人，或是善良真诚的人作为你推心置腹的倾诉对象。不要和表里不一、暗中伤人者推心置腹。这样的人往往表面上对你友好，实际上是想挖你的隐私，利用对你的了解，在暗中不知不觉地伤害你。

在一本职场类的杂志中看到过这样一个故事：

张佳刚刚进入公司工作，她的部门经理是一个比她大十多岁的大姐，叫周韵。有时，加班晚了，周韵就请张佳去吃夜宵。一来二去，她们就熟了。

有一次，周韵请张佳去喝咖啡，然后就开始非常煽情地讲自己的感情经历。说完后，周韵把话锋一转，对张佳说：“把你的情感经历也说给我听听吧。我可是一个非常好的倾听者哟。”张佳含蓄地笑笑，不说话了。

张佳曾听同事们说，周韵是一个心机重、野心很大的人。所以，她想了想，还是不要把自己的情感经历告诉周韵的好。毕竟，张佳对周韵还是不太了解。

张佳说：“我的经历太简单了，不值得一提。”张佳的回答，令周韵大失所望。她想挖张佳隐私的打算泡汤了。

后来，听说有一个女同事，因为和周韵交过心，结果被她利用了。张佳庆幸自己没有和周韵这种人深入交谈过。从此，她做事更加谨慎小心，对周韵也是敬而远之。

※ 案例解析

表里不一、暗中伤人者通常在你面前伪装得非常好，通过对你的关心，和你拉近关系。他们会在你情感低落时，陪在你身边，假装安慰你，实则是在套你内心的隐秘情感。

这种人还会先把自己的隐私推心置腹地告诉你，然后再希望同等交换，获取你的隐私。对于这样的人，你一定要敬而远之，对自己的事情要守口如瓶。

※ 聊天要点

1. 对有恶劣习性的人，不要深交

这种人是意志薄弱的人，而且品质也不好。这种人没有社会责任感，没有道德底线，只要给这种人一点好处，他们就会出卖朋友。把自己的隐私推心置腹地告诉这种人，无疑是在自己的生活中埋下了“定时炸弹”。

2. 以自我为中心，自私自利者，也不是推心置腹交谈的对象

这样的人会在一切活动中以自我为中心，总以自己的利益为出发点，很少真正顾及别人的立场与感受。跟这种人深交，最终“牺牲”的就是自己。

这种人，会在你触及他的利益时，随时准备“牺牲”你的利益，成全他自己。

3. 心态阴暗者，不可推心置腹

对于那些心态灰暗、处事消极的悲观主义者，你也得敬而远之，这种人只能给你的生活带来负能量。与这种人交往，你的生活中不会有阳光。

你推心置腹的倾诉，只会换来这种人的一声叹息。也许他不会出卖你，但他却不会给你积极的影响、良好的建议、正面的能量，还有真诚的安慰和劝导。

当你这样一一去排除时，你会发现你的身边真正可以推心置腹的人少之又少。在交际中切记：并非所有人都可以推心置腹。

有些问题，模糊回答又何妨

在交际中懂得如何聊天是一种了不起的能力，但只是如此还远远不够。机智成熟地回答别人的问题，不落入对方的语言陷阱同样是交际中的必修课。

很多时候，面对别人的发问，我们感觉很为难，怎么回答都不合适。最好的方式就是适可而止地点到为止，将问题模糊化，既能让对方满意，也不失自己的立场。

我有一个朋友，她叫张云，大学毕业后没有找到合适的工作。但还好，她长得漂亮，身材也好，家里经济条件也不错。她妈妈就找人给她拿了一个艺术学校考试的报名单。

“妈妈，我也觉得学艺术才适合我，要是我能被录取，说不定我就成为明星了。”张云沾沾自喜，沉浸在幻想中，好像她已经是明星似的。

张云的各科成绩考得还算勉强，等到面试那天，张云拉着我陪她一起去。她还把自己好好打扮了一番，整个人感觉都不一样了。

轮到张云面试，她从容地走进去，礼貌地跟各个面试官问好。

“你先做下自我介绍吧。”

张云口齿伶俐，说得非常好，面试官都很满意。张云察觉后，越发自信。

这时，其中一个面试官忽然发问：“如果有客人来我们学校，需要你来陪他吃饭、跳舞，你会同意吗？”

一听这个问题，张云当场就不高兴了，她认为面试官是在侮辱她的人格。

“你们把我当什么了？我是来学习的，又不是来陪舞的，这是什么破学校，我不来了。”张云一冲动，就放弃了面试机会。

走出房门，我看出了她脸上的懊悔，我询问后，也觉得她太冲动了。但她质问我：“不这样那又如何回答？难道让我答应他们无理的要求吗？”

这时，我看到另一个面试的女孩走了出来，我立刻询问那个女孩是否也遇到了面试官的“刁难”，她笑着点了点头。我问她是怎么回答的。

她说：“我告诉他们，我的主要任务是学习，如果这是无理的要求我是不愿意做的。但如果跟表演有关，又是合理的要求，我会尽量做的。”听了女孩的回答，我竖起了大拇指。女孩没有给出明确的答案，只是给了模棱两可的说法，我想，面试官很满意。而张云听到后，也是懊恼不已。

※ 案例解析

事实上，这不是刁难，而只是一种常见的面试考察。在社交中，类似的情况不会少，如果不能机智应对，必然会碰钉子。

有些人，不懂交际，捧着自己的一颗真心到处碰壁。也许他们说的是实话，但却让他人觉得难以接受。在面对难题时，我们要学会隐藏“锋芒”，不要单刀直入，要用迂回的方式回答，让对方感觉似是而非又不明确就对了。

在社交场合，说话做事要万分谨慎小心，你的一言一行都会影响你给他人留下的印象。如果面对问题，直接肯定或否定都不能让别人满意，这时候就不能直言，要采取迂回方式，将问题绕过去，模糊回答。并不是所有问题都要明明白白，在两难问题中模糊回答才能达到效果。

当然，把两难的问题模糊化不是一件简单的事，这需要我们沉着应对。如果对方抛出的问题只是对事不对人，我们没必要生气，笑呵呵地一带而过就好了。如果分明是语言陷阱，我们就需要万分谨慎，不要冒失回答，尽量委婉，让对方找不出破绽。

为什么我们明知对方在故意刁难，还要委婉回答？因为交际不是为了攻击别人，也不是为了争出胜负，而是为了广结善缘，拓展自己的人脉资源，达到自己的社交目的。模糊化的回答可以巧妙地避开锋芒，同时展现我们的交际才华，展示人格魅力，所以要重视。

有一次我陪同父亲去参加他朋友孩子的结婚宴。我们坐一桌的都是我爸的同学。当时，看到一个穿着夸张，但一看就是很有钱的人，成为众星捧月的“明星”。很多人都不停地敬他酒，并“勇哥”前“勇哥”后地吹捧着他。

“勇哥，以后你要多多关照我们，大家可全依仗你了。”

“是啊，是啊，你是我们当中最有出息的，来，我敬你一杯酒。”

“勇哥，谢谢你之前给我办成的事，真是感谢你了。”一个男子给勇哥斟了一杯酒。

“都是应该的，谁让咱们是好哥们儿呢。”酒过三巡，这位勇哥很兴奋，他拍着这个斟酒的人的肩膀说，“我女儿大学毕业一直没对象，跟你儿子差不多大，我做主，让他俩结婚吧。”

我看到这个斟酒男人的脸就猜到这个勇哥的女儿肯定长得不怎么样。这个斟酒的男子想了想说：“这个提议自然好，但是我们家一向很民主，我得回去问问儿子，要是他没意见，我立刻安排他们相亲，你看如何？”

这个男子说得情真意切，滴水不漏，勇哥笑呵呵地答应了。

※ 案例解析

实际上，这个男子的回答相当模糊，完全没有要答应的意思。但这么说，也绝对不会得罪人。

在交际时，不要以为自己很聪明，就开始得意忘形而忽略了语言陷阱。能提出两难问题的人，通常都是社交高手，如果回答不合时宜，对方就容易看出你的弱点。实际上，模糊回答问题不仅是为了避开对方的锋芒，同时也是保护自己的方法。

※ 聊天要点

真正的智者，是那些面对任何问题都能回答得滴水不漏又云淡风轻之人。再尖锐难选择的问题都能被他们磨掉“棱角”，变得“圆滑”，其中的谈资艺术是非常值得我们学习的。

1. 聊天时不要急着表达

在面对两难的问题时不要急着回答，不要急不可耐地表达自己的内心。应先从态度上肯定对方的问题，然后再采取迂回方式，结合当时的情况，推辞、转换对象，不要给出明确回答、表明心迹，让对方感觉似是而非。

2. 问题太难，回答别太细

在面对难回答的问题时，千万不要把话说得太细、太具体。说具体了就容易说砸，要保持中立，两者都不偏颇，这也是模糊回答问题的一种有效方法。

“你最喜欢跟什么样的人聚会？”在一个社交晚会上，李岩被人问了这样一个问题。

李岩想，自己要是回答说喜欢跟现在的人交往，对方一定感觉自己假；如果说其他的，对方肯定会不高兴。

于是，他没有给出具体回答，而是保持了中立态度："我喜欢跟能谈得来的人一起聚会。"李岩的态度非常友好，对方很自然就能感觉出来，自己也是能跟他谈得来的人。

在交际中遇到有挑战性的问题时，要保持心情平静，组织好语言，沉着应对。不要因为一时不冷静而使自己陷入僵局，把问题回答得模糊化，给足对方想象的空间，既不让彼此陷入尴尬，也避免让自己陷入语言陷阱。

藏要恰到好处，露要恰如其分

交际中的关系都是很复杂的，人与人之间的交际有真实，也有虚假。所以，我们在与人交际时，一定要做到适可而止，藏露有度。该隐藏的时候，绝不显露；该显露的时候，也不要隐藏。这样就能做到藏露恰到好处。

为人处世不可气盛、不可志满、不可乐极，否则会走向事物的极端。一个人藏得太深，只能孤芳自赏、顾影自怜。一个人太过显露，只会遭人嫉妒与排斥，从而被孤立。藏与露，是做人的艺术，但过于藏或过于露，必将适得其反。

我小学同学张硕是公司某部门的职员。他研究生毕业，非常有才华、有能力。同时，他也是一个懂得为人处世的高手。他知道该在什么时候显露自己的能力，同样也知道该在什么时候隐藏自己的才学。

张硕所在部门的经理是公司的老资格员工，做人有些迂腐，而且还非常嫉贤妒能。这个经理特别在意谁的能力比他强，谁的学历比他高。张硕是研究生，所以经理经常看他不顺眼。张硕处处小心，恰到好处地隐藏自己的能力和本事，让经理觉得他很平庸。

我朋友告诉我，为了学历的事，他还特意编了个谎向经理解释说："经理，跟你说实话吧，其实，我的硕士文凭是混下来的，给导师送了些礼，才勉强让我通过了。这件事，你一定要替我保密，千万不要让我父母知道。"经理听了张硕的解释感到很释怀，更加确定张硕是个庸才。

在别人手底下干活，受人制约的时候，张硕选择了隐藏自己。而且，还适当地加上了些表演技巧，让自己的锋芒隐藏得恰到好处，这样做的结果是张硕在公司里发展得顺顺当当。而且，当经理要退下来时，竟然推荐张硕坐了他的位置。

当张硕顺利当上部门的经理后，他就开始逐渐显露自己的才华和能力。他带领着他们部门的员工成功完成了很多项目的策划。他做出的成绩得到了董事长的肯定。后来，张硕凭借自己的实力进入董事会，成为公司高管。

即便如此，张硕还一直奉行着为人处世的"藏露定律"。也就是在交际中，根据现实情况，该隐藏时，必不显露；该显露时，绝不隐藏。因为做到藏露有度，张硕无论是在事业上还是在交际中，都平平稳稳、顺顺当当的，成为我非常敬佩的人。

※ 案例解析

藏与露要恰到好处，要把握好尺度。作为个体，我们要明白，我们每个人都是处于社会中的，而社会又是人的社会。因此，我们每个人都不可能脱离所处社会群体而孤立存在。

当你才华横溢、光彩照人、众人瞩目时，可能会招来嫉妒的目光。此时若再毫无顾忌地显露下去，可能会遇到意想不到的麻烦或灾祸。但若低调处事、谦逊待人则会赢得更多的支持，竞争对手也可能成为合作伙伴。

当你隐藏得太深时，你就会被社会所忽略，就失去了实现自身价值的社会圈子。要想展示自己，让社会关注你的存在，就不能再继续隐藏，否则只会在社会中被遗忘和遗弃。

所以说，藏与露要有度，要藏得恰到好处，要露得恰如其分。

我侄女曾怡是一个学舞蹈的，大学毕业后分到了我老家的歌舞剧团工作。曾怡进去时，团里就有一个台柱子叫杨媚。

我侄女一次手臂受伤，我去探望她时，她告诉我，杨媚盛气凌人，高傲无比。这次受伤，就是在一次练习中，杨媚故意把她推倒的。

我侄女忿忿不平，我劝慰她："你才刚进入歌舞剧团，万事还是以和为贵，不要逞强。首先要做的是保护自己，学会隐藏。"

我侄女听了我的建议，开始改变自己为人处世的方式，她开始隐藏自己的能力，宁愿做配角，也不跟杨媚抢主角。就这样，她在团里韬光养晦，工作了几年。后来，她辞职开了自己的舞蹈工作室。

开舞蹈工作室就等于是为自己工作了，我侄女才淋漓尽致地把自己的舞蹈才华显露了出来。虽然她在歌舞剧团工作几年，没有强出头，但这韬光养晦的几年中，她不仅认真学习别人舞蹈当中的精髓，而且结下了很好的人缘。因此，她的舞蹈工作室开了没多久，凭借她卓越的才华和良好的人缘，她在我们当地舞蹈界的名气就响了，并且还在一年后扩大了规模，学生不断增加。

而那个杨媚在一次演出中被竞争者使了绊，造成腿部受伤，从此离开了舞台。

※ 案例解析

隐藏自己的另一种方式，就是要学会"淡泊明志，宁静致远"的生活态度。

把很多事情都看得很淡，将自己性格中的锋芒渐渐磨平。在为人处事上要做到平和、坦然、理智、清醒。你从容不迫的心态不会给别人带来压力，也不会被踢出局。

隐藏自己的另一种方式，就是适时地装傻。

"适时装傻"是迷惑别人最好的方式，也是向别人示弱的一种方式。对一些事情表现出不懂不会，对方就会觉得你能力有限，不会把你当作竞争对手。

※ 聊天要点

1. 把握好藏或露的尺度

做人不能只藏不露，也不能只露不藏。适当表演，把握好藏与露的尺度，才是交际的关键。

藏与露应选对时机，锋芒太露时不妨适时地隐藏，在被人忽略时不妨适时地显露。

把自己藏得太深，什么事情都谦让别人，那样你就会失去很多机会，你也就失去了自己的价值和存在的意义。如果藏得太深，总会多多少少地压抑你的性情，使你的能量不能释放，个性的发展受到阻碍。所以，当你隐藏到一定时机时，该显露时就必须显露。

当你过于显露自己时，就可能会招致很严重的后果甚至会带来灾祸。所以不要过分地张扬，不要显露到自满、盛气凌人、不可一世的地步，那样只会适得其反。所以，一定要把握好露的度，要适可而止。然后，再做适度的隐藏。

在特定的时候，要做到韬光养晦、收敛锋芒、隐藏才能优势，使对方被假象所迷惑，而使对手不会注意自己的实力，以免自己遭到陷害。

2. 藏不可太深，露不可张扬

做人处事，不可不藏，但也不可藏得太深；不可不露，但也不可太露。

显露自己，不要锋芒全露，不要太张扬，更不要太狂妄。在人生的关键时刻，一定要显露自己的才能，这样你的人生才能发生良好的转机。

在合适的时机，暴露自己的缺点，未必不是一件有利的事情。适时地显露自己的优点，只要露得恰如其分，也是会对自己有利的。

在欣赏和器重你的人面前显露才华，必定会给你带来机会和好运；在嫉妒者或卑鄙小人面前要尽量隐藏自己，甚至故意显露愚笨，让他们觉得你不如他们。

如果你隐藏得很深，时间太久，有可能会被人遗忘。这时，你不妨再张弛有度地显露自己，一定会有意想不到的收获。

吃些小小的亏，赢得一生的回报

吃亏是一种比较高妙和有远谋的处事方式。主动吃些小亏，可以帮你交到好朋友，帮你得到更大的利益。想请朋友帮你办事，自己首先要吃点儿亏，这样朋友会觉得欠你一个人情，才会更为主动地、尽心尽力地为你办事。

吃亏是福。主动吃亏不仅是福，还是一种态度、一种品行、一种风范，更是一种淡然、一种乐观、一种超凡；而被动的吃亏则是一种被迫接受的后果，一种不得已而为之。同样是吃亏，两者却有着很大的区别。主动地吃亏，可以帮你换取对方以后的大付出。

我父亲有一个朋友叫李渊，这个人很仗义，但也很奇怪。他资助一个比他小十几岁的学生张博的故事，在我们当地算是很有名，经常被人津津乐道。

李渊比张博大十几岁，很小就不上学了，开始做生意。而张博一直在读书，有很大的志向。

李渊虽然没有多少文化，但很聪明。他善于经营，也很会做人，通晓人情世故，常会施一些小恩惠给身边的人。

张博想通过自己的努力考上好的大学，然后再考公务员，希望能在仕途上有所发展。

那一年，张博的父母相继都去世了，身边也没有什么亲戚朋友。自己又考上了大学，但却没有上学的学费。这时，一向乐善好施的李渊向他伸出了援手。

后来，李渊宁愿自己吃点苦、受点累、吃点亏，也要用自己辛苦赚的钱供张博上大学。

张博大学四年的学费、生活费都是李渊资助的。而勤奋的张博也没有令李渊失望，通过自己的努力考上了公务员。张博在政府里做着官，而李渊仍然做着他的生意。虽然李渊经常受到别人的嘲笑，但他并不会放在心上。

几年后，张博被调到家乡的县城里当县长，张博拜访李渊，问李渊有何要求，他都会满足，李渊却委婉地拒绝了。

张博是个知恩图报的人，他朋友众多，经常建议朋友的食堂包括学校食堂的采购员们去李渊的粮油店购物。张博相信李渊的人品，认为去他家采购更有质量保障也算报恩，因此这样的行为并不应该算是贿赂。李渊在张博这样的帮助下，生意越来越好，越做越大，李渊和张博的关系也更加亲近。

※ 案例解析

李渊在交张博这个朋友时，是自己先吃了些亏，帮张博完成学业。然后，等到张博荣归故里时，就给了李渊更大的回报。他们的情谊也就更加深厚了。

在你主动吃亏的时候，你就成了施与者，而对方就成了得到你恩惠的接受者。表面上来看，是你吃了亏，对方得了利益。然而，对方却欠了你一个人情，情感的天平已经向你倾斜了，你与对方就有了更深的情意。

最终，对方在回报你的恩情时，会是加倍的。这回报会远远超过你所主动吃过的亏。

当然，“亏”也不能乱吃，也要讲究方式方法。有的人为了相安无事去吃亏，吃暗亏，最后会给自己带来很严重的后果。而且这个亏，我们要吃在明处，要让对方清楚地看到，自己为他而付出的努力。只有这样，对方才能铭记你对他的好。

我们只要留心观察我们的生活，就会发现“主动吃亏”是一个非常有哲理的处世原则。现实中经常会有那些好贪小便宜的人最后往往会在大的事情上吃亏。

主动吃亏可以为你赢得一份深厚的友谊，可以为你寻得一个重要的商机。主动吃亏虽然会失去一些眼前微不足道的东西，却会得到人们的尊重，也会赢得好的声誉和长远的利益。

能够主动“吃亏”的人最终并不会吃亏，而不愿意“主动吃亏”的人结果却往往会吃大亏。在人际交往中，多一点“主动吃亏”，你才能赢得对方的信任、对方的情意，对方才会接纳你、信任你、支持你。在以后的交往中，你甚至会得到对方更大的回报和付出。

在北京工作时，认识了一个朋友，叫宋瑞。有次一起吃饭时，他和我说起了几年前他在公司里的事情。那时候，宋瑞还只是个公司采购部的职员。当时，他所在部门的经理被提升到总公司任职。但是，因为走得比较仓促，有几笔账目还没有处理清楚。新来的经理把责任推到宋瑞那里，非常严厉地批评了他，并决定扣除宋瑞全年的奖金。

其实，事情的责任并不在宋瑞，是公司的副总委托原来的部门经理办的，当时宋瑞并不知情。宋瑞觉得曾经的经理对自己不错，为他承担点事情也是应该的。所以宋瑞没有为自己辩解和争论，就很平和地接受了部门新经理的批评和惩罚。

在这件事情上，当时宋瑞主动承担了责任，吃了些小亏。但是，后来新经理知道了事情的原委，才知道错怪了宋瑞。他一方面觉得对不住宋瑞，另一方面又对他非常赞赏。

新经理认为宋瑞是一个豁达而有忍耐力的人，只要稍加培养，将来定会有成就。于是新经理向总公司推荐宋瑞，最终宋瑞成了部门的副经理。

※ 案例解析

很多时候，“主动吃亏”是一种福，也是一种大智慧。不管你是做什么的，你主动吃亏，身边的人接受了你的“礼让”，他不仅会全心全意地与你合作，保持良好的人际关系，而且还会因为对你的感激，寻找机会回报你。

在做事情的时候，主动承担责任，不计较眼前的小利益。虽然你吃了些小亏，但你却拥有了良好的声誉和口碑。当误会解除之后，对方自然会帮助你，为你付出。

※ 聊天要点

1. 在工作中吃些小亏

在工作中，当遇到事情时，你主动承担责任，主动吃些小亏。这样一来，你向领导还有同事都展现了你的豁达、你的忍耐，从而会赢得好的声誉。可能还会因此受到领导的赏识和器重，在你的晋升道路上，你的领导还有可能会成为你的推力。

2. 在合作中吃些小亏

当你在与对方进行合作时，你总愿意主动吃一点亏，自己少得一点，多让一些利给对方，那么对方就愿意与你保持长期合作的关系。因而，你不仅没有吃亏，还会因为你的主动吃亏而得到更大的利益。

当你的生意做得不好时，你还主动地让对方多得、自己少得、这就更显示出了你的一种气度、一种度量。正是你的这种“主动吃亏”的行为，会让对方对你有好感，并愿意与你继续合作，这样你的生意就会越做越大。

在对方有难的时候，用物质帮助对方，再用真情实意去安慰对方。当时，你可能是吃了一些亏，但是，日后对方一旦发达了，必然会加倍地回报你。这都是因你主动吃亏而得来的。

3. 在交往时吃些小亏

在与人交往时，无论遇到什么事情，都主动吃一些小亏，是很有必要的。在一起吃饭时，主动为对方付钱；在办公室工作时，主动为同事买饭；有什么大家不愿意做的事情，你主动请缨；在大家不愿意加班的时候，你主动替对方加班。

主动吃些小亏，看似是不起眼的小事情，久而久之，你就会收获大的回报。因为你的那些小小的付出，别人是看得到的。

特殊情况，有时也得说些小谎

我们从小受的教育就是为人要诚实，在人际交往中，待人以诚是大家都认可的一个原则。

诚然，只有对别人付出真心，才能得到别人的信任。可有时候，特别是在自己陷入两难的处境时，我们要学会适当地说些谎，如此一来，既能照顾到对方的面子，也不致让自己陷入不利的境地。

我听到过这样一个故事：

李可为人诚实，他最不齿的一种品行就是虚伪。因此，他一直要求自己，无论在什么场合，遇到什么样的人，都不能说谎。

可就是这样一个耿直之人，在他四十岁的时候，身边竟没有一个朋友相伴，连自己的亲人都不喜欢他，不愿意跟他说话。如今，唯一陪伴着他的只有一条宠物狗。

李可年轻的时候供职于一家大型的互联网公司，凭借多年的工作经验，他很快升为公司的一名中层领导。出于职位的需要，李可每天不得不和各种各样的领导和员工打交道。

有一次，公司进行大规模的部门和人员调整，老总让每一位中层都上交一份方案。李可特别实在，该汇报、不该汇报的问题都说了，虽然说的都是实话，但也因此得罪了不少人。

其他的也就算了，他还把部门经理生活不检点的问题给披露了。

这下可好了，经理遇到了大麻烦，好不容易才把事情摆平，没被上面追究。

李可还跟没事人似的，觉得自己没有错，只是说了实话而已。但经理却把他当成了眼中钉、肉中刺，处处给他穿小鞋、使绊子，恨不得整死他。

最后，李可实在混不下去，只能辞职了。

“如果你当初肯帮经理说个谎，现在也不至如此啊。”有好心的同事提醒他。

“这是什么话，做人就应该说实话。”同事原来是好意，结果却挨了一顿批，之后再也没人说他，也没人帮他了。他在“孤胆英雄”的路上走得更远了。

※ 案例解析

例子中的李可不是一个坏人，很耿直。但就是因为太过诚实，什么都说，才让自己变成了讨人厌的危险人物。在社交中，必要的谎言还是要说的，这是保护自己的必要手段。

说谎和虚伪不是同义词，尽管二者都不是值得提倡的品行，但有时候前者只是一种必要的交际手段，无关人的道德或者人品。李可的悲剧就在于他混淆了这两个词义，导致其一生都没有人愿意亲近他，他失去了别人的尊重，也毁了保护自己的防线，最终只能以纸笔作为倾诉的方法，将心事付诸文字。

生活中，我们不免要与人打交道，其间我们会遇到各种各样的人，但并不是所有的人都值得我们掏心掏肺，有时候，我们需要做的只是交际而已。

如果对对方的一言一行都较真儿的话，很容易让对方觉得尴尬，自己也不会给人留下好的印象。不分场合的诚实，不仅会伤害别人，也会伤害自己。

抛开道德的标准不说，说谎也是一种智慧，真正高明的谎言可以为我们在人际交往中的表现加分。所谓高明的谎言，指的是说谎的时机要适当，用词也要合理，并且还要满含着真诚，能让对方感受到温暖，同时面子也能够得以保全。

在生活中，我们经常会遇到这样的情况：本来已经打算好了周末要和女朋友出门游玩，可朋友却打电话来说，有没有时间小聚一下。这时候，如果直接坦白地说，不免会让朋友对你产生重色轻友的怀疑。

为了避免误会，你可以用一些听起来合情合理的理由将朋友推掉。比如说，公司加班、家里有事等，并且很真诚地对他表示歉意，并和他约在别的日子见面。如此一来，既安抚了朋友，也保证了自己的正常活动。

在与人交往的过程中，恰当的谎言可以起到润滑剂的作用。我们没有必要固执于绝对的真诚。相反，如果谎言能够让尴尬的气氛变得活跃、让紧张的关系变得轻松的话，那我们就不必纠结于自己说的是真话还是假话了。毕竟，我们的目的达到了，既没有得罪别人，也保护了自己的利益，两全其美。

在聊天中，必要的谎言是不能少的，但不能说弥天大谎，也不能故意欺骗他人。否则谎言一旦被拆穿就会引起不必要的麻烦。因此，我们首先要分清楚场合，适当地说些无伤大雅的谎言。

杨星的朋友漫漫因为喝醉酒出了车祸，把脸划破了，缝了好几针，左脸看起来非常恐怖。她从小就是一个非常爱美的人，这可吓坏了她，天天跟朋友哭诉，要死要活的。

“漫漫，没事的，不会留疤的，伤口虽然大，但不深。”杨星安慰她，怕她一时想不开。

“真的吗？你确定吗？”漫漫迫不及待地问。

“对，是真的。”其实杨星也不敢确定，但她只能说谎话了，“我之前一个朋友，脸被玻璃划破了，也缝了针，后来她用了好药，最后真的没留疤。”

听了杨星的话，漫漫安心了不少。后来，漫漫的脸上还是留了疤，但她已经能坦然接受了。对于杨星善意的谎言，她非常感激。

※ 案例解析

如果杨星没有说谎，漫漫当时难免会想不开，做出不理智的事情。后来，虽然事与愿违，但漫漫还是很感激杨星，他们的关系甚至更进一步。

还有，在说谎时不要对人对事，不能满口胡诌，那样一眼就会被他人识穿。不但不感激你，反而会觉得你虚伪，这种人是很难得到他人喜欢的。

比如，你跟一个长相丑陋的人说他长得好看，他一听就知道你在撒谎，甚至觉得是一种讽刺。所以，说谎要有事实根据，不能太离谱、太虚假。

值得注意的是，在为了拒绝别人而说谎的时候，要把理由说得很详细，语言要真诚，让对方理解自己的无能为力，通过好话赢得对方的同情心。不能张口就来，随意搪塞，被别人揭穿了会很尴尬。

在这个世界上，没有不说谎的人，尤其是交际场合，虚虚实实、很难说清。每个人心中都有不想被毁灭的事情，不论大小，这时必要的谎言就会产生作用。

不但能满足对方的心理需求，还能保证自己不得罪人，这样对双方都好。

※ 聊天要点

美国社会心理学家费尔德曼将人们说谎的动机分为三类：

1. 讨别人欢心

很多人说谎是因为别人爱听。我们生活在一个需要交际的社会。因此，不管做什么，都需要和他人有交集；因此，多说些别人爱听的也是无可厚非。而为了讨好别人，又不是昧良心的谎言，说几句，也无伤大雅。

2. 夸耀自己和装派头

很多人都爱面子、虚荣心强。这样的人往往因为面子问题而对别人吹嘘自己。这样的吹嘘也是一种说谎。对于这样的人，我们应该尽量避免。因为有时你的吹嘘是给自己带来了虚荣感和面子，但若他人当真，需要你为他办事而你又没有这个能力时，你就会被你的面子和虚荣心而害了。

3. 自我保护

前两个动机我们可以理解，至于第三个，有的人就会觉得为了保护自己而说谎是一件很不光彩的事情。其实，只要我们说谎的目的不是为自己谋私利或者伤害他人，内心大可不必为此纠结。

你的才华，可以既不显山又不露水

在聊天中，如果要比别人聪明，那么最好告诉别人他比你聪明。真正聪明的人，从来都是不显山不露水的，他们总是低调内敛、不恃才傲物、不高傲自大。

就算你真的有才华，交际中也不要显露出你比别人聪明，否则不仅会使你失去更多的交际机会，还会因此招来灾祸。

要让对方觉得比你聪明，他就会有一种优越感；反之，若是你比对方聪明，他就会产生自卑感，并对你产生敌对情绪。如果你真的聪明，就不要总是在别人面前随意卖弄。

我的一个朋友周畅，现在是我们当地一个单位领导。很多朋友都很羡慕他，就询问他是如何在短短几年间爬到这个位置上的。一次喝酒，周畅向我们讲起他高升的秘诀。

几年前，他们单位的大领导王明安要去省里参加科技方面的一个会议，他决定要找懂科学的技术人员一同前往，而周畅当时正好是。

开会期间，宴席上，周畅代他喝酒；会议中的科技名词，周畅帮他解释；看文件时，周畅会递上一杯温茶；天气燥热时，定向的空调会吹来舒爽的凉风。王明安转身一看，对自己细致照顾的周畅却热得通身是汗。

周畅留给王明安的印象很好。不久，周畅被提升为王明安的助理。

周畅当了助理之后，发现王明安喜欢打桌球，而且喜爱到了痴迷的状态。周畅同样喜欢打桌球，并且得过市里业余桌球比赛的冠军。所以王明安经常找他切磋球技。

周畅心里非常清楚王明安的脾气，既不能胜他，也不能轻易地输，让他看出礼让的痕迹。就这样一来二往，王明安和周畅打球已经成了一种乐趣。王明安经常夸周畅是一个谦虚、谨慎、不骄傲自满、稳重的好青年。

有一年的春天，周畅和王明安一块儿报名参加了市里的业余桌球比赛。在比赛中，他故意输给了王明安，王明安不禁露出了喜悦和自信的神情。

王明安卸任之前，又一次提拔了周畅。他在给上级的报告中强调，周畅不仅符合提拔干部的标准，还具有谦虚、谨慎、创新、好学的品质。

※ 案例解析

“不要让人觉得你比他聪明”是一种“守拙”的行为和策略。说简单点，就是在别人面前把自己的才学隐藏起来，让对方觉得他比你要聪明。这是一种掩饰自己、保护自己、积蓄力量、等待时机的人生韬略，更是一种处世的大智慧。

在交际中，不要让别人知道你比他聪明，这种隐藏自己的方式可以维护你与他人的良好关系。不要指出别人的错误，那样只会让他觉得你比他聪明。所以我们要使用遮掩的方式把自己的聪明隐藏起来。这种谋略在交际中很重要。

在与人交往中，你一句轻视的话语、一个不屑的眼神、一个不满的动作等，都相当于直接告诉他："我比你更聪明。"

如果在人际交往中，遇到了嫉妒心很强的人，又因为某种特殊的原因不得不与他交际的时候，你一定要做出实际的事情来让他觉得他比你聪明，这样你才能保护自己不被他的偏激行为所伤害。

在一本处世类的杂志上看到过这么一篇文章，虽然不知道故事的真假，但值得大家在这里借鉴一下：

蒋欣和王怡同时考入了某大学文学系的研究生班，而且还是同一个导师。蒋欣是一个很有才华的人，为人也很单纯。而王怡虽然也聪明，却有超强的嫉妒心。

刚开始在研究生班上课的时候，蒋欣时常能对导师提出的问题对答如流，而且思维独特、思路新颖，也有非常值得称赞的文笔。蒋欣凭借自己的实力得到了导师的赏识。

后来，在一次聚会上，蒋欣接触到王怡的大学同学冉悦，从她口中得知王怡是一个嫉妒心很强的人，如果谁让她不痛快，她就会让那个人好看。这个情况引起了蒋欣对王怡的警觉。

于是，蒋欣调整了自己的处世策略。她在课堂上开始变得沉默，把答题、显示才华与能力的机会都让给了王怡。蒋欣刻意掩藏自己的聪明，并让王怡觉得自己更优秀，更有才华。

蒋欣心里非常明白，保护自己免于伤害比施展才华得到赏识更重要。带着这个意识，她顺利地度过了研究生的生活。

※ 案例解析

蒋欣采用的"守拙"的方法，保护了自己，还做到了以和为贵。蒋欣在做事情的时候该收敛时收敛，该隐忍时隐忍，这样不仅显示出了蒋欣的气度，也保护了蒋欣的安全。生活是不会亏待有雅量的人的，成全他人，就是成全自己。

让人觉得他比你聪明的方法有很多。你可以选择直接赞美他，并向他表明自己哪些地方不如他；也可以在对方不在场的情况下，向第三者赞美他。当对方经由第三者间接听到你的赞美时，比你直接告诉对方更多一份惊喜。

你可以故意把一些事情做错，然后再请求对方帮你解决，给他展示能力的机会。当遇到你能解决的问题时，也要装作自己不行，让给对方来解决，让对方的自信得到极大的满足。让他清楚地知道，他比你聪明。

遇到事情时，不要强出头，把机会让给对方。对方完成了事情之后，无论对方做得好或者不好，你都要毫不吝啬地夸对方。并向他表明，如果是你自己做这件事情，绝对达不到对方这样的效果。

你让对方觉得他比你聪明，才是真聪明。当你懂得装傻，懂得照顾别人的感受时，你在交际中就会更加得心应手。

※ 聊天要点

1. 不要在你的上司前表现得比他聪明

面对比你有权势的人时，即便你比他有才华、有能力，也不要显露出来，要让他赢你输，让对方以为他的能力在你之上。如果你表现得比他聪明，那么他的能力和智商就被你否定了，他的自尊就会受到挫败。所以，当你在与上司比赛时，一定要守拙，让自己显得不如他聪明。

2. 才华和智慧无需显摆

有智慧、有才华、有能力是一件值得称赞的事情，这是你将来取得成功的依据。但是你若把优秀的一面故意在别人面前显摆、炫耀，过分外露自己的聪明才智，那么最终会因小失大，甚至还会给自己带来伤害和阻碍。

3. 交际不是为了树敌

交际的目的是为了建立人际关系，而不是树立敌人。不要过分炫耀自己的聪明，这会让别人以你为攻击对象。如果真到了那种时候，你会显得多么愚笨。

为什么要逞一时之勇、显一时之聪明，而给自己带来麻烦和阻碍呢？这时的你应该能明白“守拙”的重要性了吧。

Part 6

饭桌之上聊会天，会吃会喝更要会侃

中国人都喜欢坐下来谈事情，为什么？因为人一旦坐下来，身体会有一部分处于放松状态，神经就不会像往常那样绷得紧紧的，那么自然一切就好谈了。而坐下来谈的最好方式，就是边吃边谈。这又是为什么？

很多事，饭局中聊着聊着就有了

中国人都喜欢坐下来谈事情，为什么？因为人一旦坐下来，身体会有一部分处于放松状态，神经就不会像往常那样绷得紧紧的，那么自然一切就好谈了。而坐下来谈的最好方式，就是边吃边谈。这又是为什么？因为吃饭是一件很愉悦的事情，不但能让你的身体得到一定程度的满足，更能让你的心理得到很大程度的满足。那么接下来无论谈什么事情，都是在身心得到充分满足的状态下进行的，其结果可想而知。

但坐下来边吃边谈，也有一定的技巧，不是你坐下来想说什么都可以的。试想如果项羽在刘邦刚坐下来就直接切入谈话的主题，恶狠狠地说："无论怎么样，我都不相信你，吃完这顿饭，我就杀了你！"那刘邦哪里还敢吃？所以即便是项羽那么强横的一个人，在坐下来边吃边谈时，也是先酒过三巡菜过五味才慢慢切入到正题上来。

其实，每一个久经"饭局"的人都深知饭局只是一个搭建交流的平台，其实每次吃到嘴里的并没有多少。饭局里觥筹交错之间，不外乎就是求人办事、升官发财这两种事情。但大家都知道，送礼的前提就是请人吃饭。饭局里，大家围坐一桌只不过是一个彼此认识的过程。

我朋友晓媛是某公司市场部的普通职员，她就是个深知人情世故的人。在晓媛眼里，每天的午餐都能吃出各种道道。

在一家公司，最为紧密相连、环环相扣的两个部门就是市场部和客户服务部了。但是晓媛所在的公司，两个部门的同事即便私交再好也不会在一起吃饭的。因为两个部门的领导曾有过不愉快的经历。

一个月前，公司决定从这两个部门挑选一个优秀的员工出国培训。大家都知道，海归后就有可能成为公司的高管，于是为了博得老板的青睐大家绞尽了脑汁。聪明的晓媛并没有像大家一样在提升业务水平上做文章，依照老板的心思，晓媛分析出老板需要的是能力，更需要的是有管理才能的人。于是她便开始了她的饭局计划。

午餐时间，她经常邀请市场部领导一起吃饭，以便了解他的近况。下班之后，她秘密地邀请客服部经理参加一些饭局。几轮饭局过后，她了解了这两个部门领导之间的矛盾。晓媛从他们的口中得知，其实他们早就想和好了，毕竟在同一个公司两个这么重要的部门，如果关系一直这么僵硬的话，其中一人早晚都会被公司炒掉。

于是在某个周五下班后，晓媛以她生日为名分别邀请了市场部经理和客服部经理参加了自己精心策划的饭局。席间，晓媛故意以喝醉酒卖傻，让两个部门的经理一杯酒泯恩仇。

结果，第二天老板便宣布晓媛成为出国培训的员工。老板说，一个管理者具备很强的能力是一方面，协调好同事之间的关系更为重要，而晓媛就是这样一个深具这两种能力的员工。

※ 案例解析

似乎“饭局”都和能聊的人有着不解之缘，就像晓媛一样。她知道：“饭”仅仅代表了自己的生活质量，而一个人的发展前景是受“局”决定的。身处当今社会温饱已经不是问题，饭局无疑成为我们发展好自己事业的重要前提。

在这个竞争日益激烈的社会里，饭局无疑是搭建人际关系的重要桥梁。饭局绝对不只是吃吃喝喝那么简单。我们有时应该想想清楚，某些饭局，是不能随便参加的，防止轻易被人利用。例如像晓媛身处这样的公司，如果两个关系这么密切的部门领导关系僵硬之时，市场部经理把你当朋友，而客服部经理又邀请你参加他的饭局，若你轻易赴局的话，你在不经意间就已经得罪了市场部经理，所以聪明的晓媛会在开始的时候秘密地邀请客服部经理参加饭局。因此，“吃饭事小，出局事大”这个道理是久经饭局者深知的道理。

※ 聊天要点

1. 吃饭不要只在吃

很多现在初入职场的年轻人，在参加单位聚会或饭局的时候，只知道“埋头苦干”，生怕浪费饭桌上的粮食。但他们可能不知道，饭局也是个不可忽视的社交场所。如果在饭桌上你的行为不当，对你而言不管是职场还是生意场，都将会是不小的损失。

2. 饭局中多认识朋友

吃饭既然能被叫“局”，肯定就有它的道理。这里少不了应酬，少不了和不认识的朋友相互介绍。你无法知道，也许哪个新朋友，就会对你的职场或生意起到决定性的作用，所以参加饭局要多和新朋友接触和认识。

3. 不要忽视饭局中的任何一个人

现在很多人都喜欢以貌取人。尤其在参加饭局时，可能有的人不注重穿着打扮，但既然能参加饭局，就说明他有着不同凡响的地方。不要因为他的外貌和打扮就对人轻视或者疏远，不能做到对每一个人都重视，但也要做到对每一个人都礼貌。

不会招呼客人，如何请客吃饭

做客的时候，见到主人，你是不是只说“嗨，我来了”，然后就入座闷头吃饭？

请客的时候，见到客人，你是不是只说“嗨，你来了”，然后就张罗对方吃饭？

如果你真的是这样的话，那只能说，不论作为客人，还是作为主人，你都失败了！不管是哪种身份，打招呼都是一门必修课。而上面这两种打招呼的方式，都是不及格的。与人相见的时候，熟人也好，陌生人也罢，都应该要跟对方打招呼。而如果对方主动跟自己打招呼，那更要给予积极的回应。要知道，你对别人的问候，是你在表达自己对对方的尊重和欢迎，是生活礼仪的一种展示；而对方对你的问候，更是在向你主动示好。如果你不回应，是相当失礼而且是不知礼的表现。除此之外，打招呼还有许多应该注意的事项，一旦缺乏必要的礼仪，自己就很可能在打招呼这个环节上给别人留下一个不好的印象。

在看关于餐桌礼仪方面的杂志时，偶尔读到过这样一个故事：

小欣今天很高兴，因为她约了很久的一个客户终于答应跟她出来吃饭了。对于销售员来说，只要客户肯坐下来跟自己吃顿饭，那这单生意基本上就成功了 80 %。只要在餐桌上不出现什么大的失误，可以说这个单子就十拿九稳了。所以小欣在邀约成功之后，非常高兴地赶往了约定的地点。

小欣很准时地在约定地点见到了那位客户，因为太过激动，小欣一见到对方就冲了上去，几乎是贴着对方说“嗨，你好”。小欣明显地看到对方往后退了一步，拉开了自己跟小欣的距离。同时小欣看到对方微微皱起了眉头，虽然动作很小，但是她依然捕捉到了这一点。她马上意识到自己跟对方打招呼的方式引起了对方的反感，她心底暗叹一声：“不好！”于是她马上道歉，并解释说是因为自己太过激动了。对方的眉头依旧是轻微皱着的，并没有太多的反应。但还好，对方没有转身走人，小欣马上请客户入座，开始跟对方攀谈。

尽管小欣很努力地去捕捉对方的兴趣点，但对方一直有些兴趣缺失。就在小欣说得口干舌燥的时候，她突然看见自己的一个好朋友出现在客户的背后。小欣立马高兴地跳起来，挥动双手开始喊好友的名字，看到好友看见自己，却又把目光移向自己的对面时，小欣猛然意识到，自己的客户正坐在自己对面。这个时候，对方的眉头已经是紧紧地皱着了，还没等小欣再开口，对方已经先说话表示自己还有点事，生意的事情下次再谈。小欣见到对方一副去意已决的样子，挽留的话霎时也不知道该从何说起，只能悻悻地送对方走出了饭店，颓然地坐了下来。

※ 案例解析

其实小欣未必是不知礼仪的，她最大的失误就是太没有把打招呼这样的小细节放在眼里。对于一个人来说，打招呼虽然是个很短暂的过程，但是却能从中看出许多。

见到什么人，用什么方式打招呼，需要动的绝不仅仅是一张嘴，更多的时候，你需要动动脑子，分清楚什么样的人需要什么样的问候。不然，你很有可能会步小欣的后尘，失去本来应该属于你的机会。

※ 聊天要点

那到底跟人打招呼的时候应该注意哪些问题呢？

1. 要注意的应该是距离

小欣就是失误在这一点上。每个人都有自己的安全距离，一旦被人侵入，会顿生反感。所以，一个合适的招呼，是需要一定距离的。但是也不是说距离越远越好。如果距离太远了，打招呼的时候不是说话，而是喊话了，那么这个距离也是一个大问题。为了跟一个人打招呼而使全场侧目，或者是突然地惊起，都是对他人的一种干扰。这样的招呼，一开始就是一种失礼。

2. 打招呼的方式要根据会见对象而定

初见陌生人时，打招呼要合乎礼仪，问好和表示自己很高兴结识对方都是必要的。而且与对方的眼神交流也应是短暂而真诚的，切忌目光躲闪或者长时间地盯着对方，这都是会让人产生反感的。跟熟人打招呼的时候，可以不用那么拘谨，一句“好久不见”或者稍带寒暄就可以让对方感受到亲切，切忌因为和对方熟识就肆无忌惮地乱说话。而且，熟人如果是长辈，那就理应自己先问候对方，而不是等着对方问候自己。同时，男性应该先向女性问候，以显示自己的风度。

3. 不是每次看见熟人都需要很正式地跟对方说“你好”

有些人，比如说同事或者在一个餐厅吃饭的朋友，在短时间内你会多次遇见对方，如果每次见面都要正式地跟对方说“你好”，那不仅会让你自己觉得很麻烦，而且会让对方觉得礼节很繁冗。所以，第一次遇见时正式地打过招呼之后，再次遇见时只要相视微笑点点头或者摆摆手就足够了，这对双方来说都是一种方便。

酒能少喝，话绝不能少说

请客吃饭，只是一个手段，这之后要谈的内容，要办的事情才是你的目的，也就是所谓的“正事”。“酒话”要说，说少了还不行，“饭事”要扯，扯远了也不行，但千万别忘了你的“正事”，那才是你请这顿饭的目的。

有些人信奉“此时无声胜有声”的境界，认为自己跟客户都心知肚明，所以从开始入席到最后离席一点“正事”也不提。有些客户可能是老客户，你不说，他心里已经给你记着了。但有些客户是新客户，你不说，他也不好意思提醒你。就这样你不说，他也不说，到最后吃完了饭，对方还不知道你为什么要请这顿饭，这就是你的失误了。

古人常说，未雨绸缪。今人也讲，提前做好准备，机遇总是青睐那些有准备的人。不管是老客户还是新客户，请客吃饭之前，对我们自己要做的“正事”，心里一定要有一个准备，或者干脆在身上准备一张卡片，或者做个记号，省得一会儿喝酒喝多了或者吃饭吃得太高兴了给忘了。

所罗门是一名犹太人，卖玻璃的。他卖的玻璃很特殊，质地非常坚硬，往往用在高楼大厦的外面，不怕风雨侵蚀。但他刚开始卖这种玻璃的时候，却非常吃力。因为人们除了知道这种玻璃能用在高楼大厦的外面外，对这种东西的其他用处几乎一无所知。

后来所罗门经过多方调查分析，决定办一场晚宴，借以让人们了解这种玻璃的其他用途。晚宴进行得很顺利，人们也吃得很开心，当人们喝完晚宴的最后一道茶，觉得晚宴该结束的时候，终于有人忍不住要问了。今天这场晚宴到底是为了什么，因为之前所罗门一直很神密。

当大家都坐在那里议论纷纷的时候，所罗门让服务人员为每人都准备了一把小锤子。正当众人看着面前那把小锤子不知道该做什么时，不知哪个座位上的孩子，一时顽皮，拿起锤子就砸向眼前的玻璃桌子。他旁边坐着的大人们被这一幕惊呆了，正思索着预料中的惨剧该怎么收场时，只听“咣当”一声，玻璃桌子丝毫没有受损。那孩子一时好奇，就这么叮叮当当地敲个不停，人们都愣住了，有些不敢相信地试着拿起眼前那把锤子敲击桌面，奇迹在这一刻发生了，叮叮当当的声音成为这场晚宴中最为美妙的结束曲。

※ 案例解析

所罗门刚开始没说邀请人们吃饭的“正事”，只是当晚宴将要结束的时候，突然给人们来了一场视觉和听觉的双重震撼，让好奇心驱使人们去了解这一切的真相，这可谓是“无声胜有声”的最高境界了。

※ 聊天要点

1. 正事不可一开席就说

切忌一开始就把你要请客吃饭的“正事”挂在嘴边。那样的话，估计没几个人会受邀前来吃你这顿饭了。在晚宴的最后直言宣布你的“正事”，也会让受邀前来的人们觉得是被你这顿饭给“绑架”或者说是“胁迫”了。

2. 说正事，时机很重要

该怎么说出你的“正事”，也是一件值得考虑的事情。有些人能在吃饭的过程中通过一些不怎么明显的暗示把所要说的“正事”一言带过，让彼此心里都有个数，也不会给对方造成太多的负担或者说是影响；而有的人则喜欢通过一些特别的方式，在晚宴快要结束的时候画出那点睛的一笔，让彼此都记忆深刻。

3. 把要谈的事，提前准备好

无论是在什么时候，你都要先把你的“正事”准备好，否则临时抱佛脚，不但会让你急中生乱，而且会给对方造成你不会计划的恶劣印象。还是那句话，请客吃饭是手段，你要谈的事才是你的目的，为达目的，“不择手段”，这才是你时刻应该考虑的问题。

饭局就是战局，点餐就如点兵

摸清了领导的口味和喜好，就算成功了四分之一，找准了与领导身份档次差不多的吃饭的地点就又成功了四分之一，等再安排好了吃饭的作陪人员后，剩下来的就是给领导点菜了。这是最后也是最关键的一个环节，这个环节没做好，前面做得再好也是白搭。所以，要想请领导吃得舒心、吃得开心、吃得放心，点菜这门学问不能不通晓。

如果让领导先点，有欺负领导没来这里吃过东西之嫌；如果自己点，又有只顾着自己不会通盘考虑之嫌；点少了，会让领导觉得你太小气；点多了，又觉得你不切实际、奢侈浪费；如果点的东西，东西南北、风味各异，又会让人觉得你不会点在乱点；如果点的色泽口味相近，又会让人觉得单调无奇；如果点的全都是荤腥油腻，吃几口就腻了；若全都是素菜，没吃看着就没食欲。所以说点菜也是一门“硬功夫”，尤其是给领导点菜，尤为考查一个人请客吃饭的水准和能力。

首先，拿到菜单后，得看领导的反应。如果他对这里很熟悉，且很随意地说出了这里某个特色菜的名字，那不妨先让他点几个，然后自己再点早已准备好的那些特别适合领导口味的菜品。如果领导一坐下来就微笑地看着拿着菜单的你，那明显点菜的主导权掌握在你手里；如果这时你还硬要将菜单递过去让他点，万一他对这里不熟悉，或者又尴尬地递交给你，那岂不是还没吃饭就给双方营造了一个不太自然的氛围？

如果你实在对某饭店的菜品不熟悉，或者是临时抱佛脚，对这里的整体情况不太了解，而恰好客人中有女性，那么不妨将点菜的主动权交给餐桌上的女客们。一般女客们都是美食家，而且就算她们点的菜不好吃也没人会计较的。

不过一般情况下，你请客，人家都是不好意思点菜的，你可以先问一下领导有没有什么忌口、有什么不吃的或最近不太想吃的，然后就可以由你来点菜了。

在一本幽默的杂志中看到过一个小故事，很有些意思：

某日，一个单位的领导受到某公司的宴请，因为那个公司想要争取一个大项目。办公室刘主任和新员工小刘一同作陪，他们有幸见识了一场奇特的“点菜秀”。

到饭店分宾主落座后，经理将菜单递给领导：“请您先点吧。”领导看都没看菜单一眼，就说道：“我就先点个南瓜炒百合吧。”

经理一怔，赶紧说道：“泼辣鲶鱼一个。”

领导：“我再来个小葱拌豆腐。”

经理：“清炒苦瓜一份。”

领导板着脸说道：“那咱们今天主要喝黄酒……”经理这时脸上都冒汗了，主任也跟着不安起来。经理定了定神，对服务员说：“赶紧来个梅菜扣肉！”

领导脸色好像没有先前那么难看了，慢慢说道：“一个东坡肉，一个火爆腰块。”

经理连连点头，说：“东北大丰收是必不可少的菜啊！”

领导道：“香干韭菜也不能少！”

经理、领导和刘主任几人对视一笑，气氛已经变得融洽了。只有新员工小刘还愣在那里，他都不知道发生了什么事情。

吃完饭，经理领着领导去娱乐，就把小刘和刘主任先遣了回去。路上，小刘不解地问刘主任："咱们的生意有戏吗？我看在饭局上什么也没说啊。"刘主任"嘿嘿"地笑了起来，说："年轻人啊，点菜的时候就已经说好了。"看小刘一脸不解的样子，刘主任就把事情的来龙去脉完完整整地讲了一遍。

领导：南瓜炒百合——这件事合作的难度还不小。

经理：泼辣鲶鱼——请您看在咱们是故交的份儿上，还得多多帮助我们啊！

领导：小葱拌豆腐——办事才想起我？以前就怎么和我分得一清二楚啊？

经理：清炒苦瓜——我们公司最近苦啊，生意很清淡啊！

领导：黄酒——那这事情，我看是要黄。

经理：梅菜扣肉——事情成了，好处少不了您的。

领导：东坡肉、火爆腰块——算你聪明，不过，这次生意很大，好处不能少了我的啊！

经理：东北大丰收——您放心，我们一起"大丰收"。

领导：香干韭菜——事情就这样定了，希望能长久合作下去……

※ 案例解析

以上只是一则故事，但里面却有这么多不为人知的"秘密"。我们平时请领导吃饭，点菜虽然没有以上那么神秘，但也绝不能马虎了，该点哪道菜，不该点哪道菜，我们心里一定要有一个谱儿。

其实，请领导吃饭也就那么一回事，不必当作多么复杂的事情来对付。如果领导比较崇尚节俭，口味也比较淡，那么点菜的时候，不妨当作不经意地对服务员说，"来点儿家常菜""来点儿清淡爽口的"，这就是暗示不要铺张浪费，上点普通、爽口的菜品就可以了。但如果有些领导经常出入一些高档场所，你请他吃饭，就不好意思点太廉价的饭菜，那么不妨这样对服务员说："有什么山珍海味？"则是暗示你请的这位是贵宾，不在乎花费多少，主要是大家吃得满意。这样既保全了自己的面子，又不会让自己太过破费。

※ 聊天要点

1. 点菜前，对菜品有所了解

请客吃饭，最好不要去你第一次去的地方。当你都不知道这家饭店的菜品如何、招牌菜是什么，又如何能够做到让宾客品尝出好的味道呢？尤其当你点菜时，若不了解这家店有什么好吃，让服务员推荐一下，会让客人感觉你应付差事，对你的印象就会大打折扣。

2. 请客前，对客人喜好有所了解

请客前，需要了解客人喜欢什么菜，有什么忌口。否则，若是请一个回族的朋友，去吃猪肉的地方，你还能指望他对你有好感吗？当你带客人去了一家饭店，这家的特色菜又是客人最喜欢的类型，那你一定会赢得别人好感。

请客，绝不仅仅是请吃饭

请客吃饭，乍一听是一件很简单的事情。但我们偏偏把简单的事情复杂化了一些，在“饭”字后面又加了个“局”字，等于是吃饭设局，在推杯换盏之间步步相连。喝错一杯酒就像走错一步棋一样，造成满盘皆输的局面。所以说，饭局也是需要讲究计谋的！

那么，为什么还要请这顿饭？其实，一说饭局，精通历史的人就会想到一件事——鸿门宴。项羽为何要请刘邦来鸿门赴宴呢？何况刘邦还不是只身一人。张良就算了，樊哙一个人就能吃十几个人的饭。顷刻间，一桌的好酒好菜都没了。项羽心里恨但是面上又不能露出来，毕竟这是他自己设的宴啊！那大家猜一下项羽费尽心机去设一场宴，又准备歌姬舞姬，这到底是为什么呢？

“项庄舞剑，意在沛公。”一句话，道出了项羽的真实意图。只不过项羽这顿饭没请好，为何？因为他设宴的目的没有达到，没有将刘邦诛杀掉。至于刘邦，他溜之大吉，免遭了杀身之祸，可以说是史上被请客吃饭吃得最成功的一位。

政治即吃饭，会不会吃、懂不懂吃、善不善于处理饮食问题，就像会不会做人、做官、打仗是一个道理。刘邦因为会吃，最后竟“吃”出个天下来。

其实，项羽设鸿门宴的目的很明确，就是要杀刘邦！那么在现代社会的人们设饭局又是为了达到什么目的呢？联络感情、谈生意等，其实答案就是这么简单。乍一听，可能你会觉得这也没什么新意，因为大家都明白其中的道道，既然都知道了，也就懒得去说了。而大家都不说的那层意思，有些人就不太懂，还有的人甚至是完全不懂，譬如下面这位仁兄。

相传范蠡有三个儿子。他的二儿子在楚国做生意时，因为喝醉了酒驾车撞死了人，被官府关押了起来，但他不会因此担心自己会招来杀身之祸，因为他父亲是富甲天下的范蠡。而范蠡也打算用钱来疏通关系换儿子一条性命，于是老三被范蠡派到楚国去搞定这件事情，但大儿子得知这件事情后，就有点不乐意了，他说：“我是大哥，老二出事，理应老大出马营救啊。”于是老大就主动向范蠡请缨，要求代替三弟去楚国搭救二弟。

范蠡无奈，只得同意老大去楚国营救老二，临走前还提醒他，要记住一个叫庄生的长辈，而且一定要请这位长辈吃饭，然后奉上金银，其余的事情就交给这位长辈办就行了。老大到了楚国依计而行。果然，没过多长时间，因为庄生的关系，楚王大赦天下，老大太高兴了，还以为是自己的运气好，刚来楚国没多久就遇上了大赦这等好事，这下弟弟可以跟着自己平安回家了，根本没想到这是因为庄生的缘故。于是他还没等弟弟放出来，就去找庄生索要钱财，并将功劳揽到自己身上，全然不顾庄生帮他出的力。庄生勃然大怒，转而又对楚王进言：“我曾说星宿相犯之事，大王决定广赦天下，修德回报。现在我听说范蠡之子杀人，家人用钱已经疏通了大王左右，所以这次大王的修德回报，会被世人误会为范蠡之子解围。”于是楚王决定，先杀范蠡次子，然后大赦天下。

结果范蠡的长子只好悲伤地带着弟弟的尸骨回家了！

※ 案例解析

这就是典型的不知请客原因的人，不但背上了“铁公鸡”的恶名，还让自己的亲兄弟搭上了性命。

自古以来，请客吃饭的原因有很多，但不外乎两件事情，那就是“情”和“情”！这两个“情”，虽然笔画结构一模一样，意义却大不相同。第一个“情”，指的是事情的“情”，而第二个“情”指的是感情的“情”！同样一个字，前面加不同的字，这意义就大不同。就好比做同样的菜，一道加的是糖，而另一道却加的是盐。

中国人做事，首先讲究一个情字，事情，先做事，再有情。好比请客吃饭，不请你，你怎么知道我这顿饭背后的意思，只有请了你，你才会明白，为什么我要请这顿饭。所以一般上面这句话都是暗示给被请客人知道的，只有明白了这句话，听懂了这句话里的意思，你才能安心坐下来吃这顿饭，才能吃好这顿饭，才能以后都有饭吃。

想好了再说，想好了再请，想好了才能不像项羽和范蠡的大儿子那样，失天下的失天下，失亲人的失亲人。那么现在的你想好了吗？你为什么要请人吃饭？

※ 聊天要点

1. 请客之前，要想好了

请人吃饭不是随便打个电话、随便找个地方、随便闲聊几句的事情。不管是职场还是生活，你这样随便的请客，即便客人前来，双方也会因为没有话题、不知道聊什么而尴尬。

2. 请客要明白原因

像例子中讲的那样，若是请客吃饭，你不知道为何请，客人不知道为何吃，你请客也就失去了意义。客人在接受邀请前来后也会提心吊胆，不知道这个饭局中你有什么要求或请求。因此，请客吃饭，你要知道为什么请，你也要让客人知道为什么来。不管是谈事，还是为了联络感情。这样，双方吃得明白，聊得才会开心。

说话讲“特色”，请客更要讲“特色”

邀请客户吃饭跟给客户送礼一样，要先摸清客户的品位和档次，然后再根据这些进行安排，如此才能起到事半功倍的效果。如果你档次安排得太高，会在无形中给客户施加压力，让他觉得“吃人家的嘴软”，吃起来肯定不会踏实；如果档次太低，会让他觉得他在你心中跟普通人没什么两样，那接下来的生意就很难坐下来谈。一般销售人员请客户吃饭，应本着这几个原则：舒适、简约却又不失“特别”。

这里的“特别”，指的就是你选地点、选菜中“画龙点睛”的一笔。何谓“画龙点睛”？闹市之中的幽静之地、大荤大腥之中的一盘清爽利口的豆芽菜，都算是“点睛之笔”。正所谓柳暗花明又一村，在客户意想不到的地方，请吃一顿意想不到的可口饭菜，这才是我们请客户吃这顿饭成功的关键。特别之物必有特色之处，特色之处必有流连忘返之人。留住了他的人，自然就留住了这单生意。

很多时候我们可以把地点和时间的选择权交给客户，他们说出的地点通常也代表了其所期望的档次，而时间也是客户方便的时间。但有些时候，客户会把这些问题推还给你，让你来选择，这个时候，就是你个人发挥的时候了。要注意，优雅的环境以及良好的氛围始终是你请客户吃饭的首选。

与众不同的东西，往往能让人眼前一亮，继而铭记在心、念念不忘。

我有一次和前同事小李吃饭，他给我讲了一个他签单子的事，让我印象很深。

小李所在的公司附近，最近新开了一家福建客家珍味馆，去吃过的同事都说很不错，而且环境也很优雅。小李最近打算请一个客户吃饭，了解到那个客户是福建闽南一带的客家人，所以就想到了这家福建客家珍味馆，为此他还专门去亲自考察了一下。结果发现果然不错，不但环境好，菜的味道也很独特。而且他们那里还有一个专门的品茶区，吃完饭还可以在那里品一杯香茗，非常惬意，于是就决定在这里请客户吃饭。

由于小李心里一直担心着单子，所以吃饭的时候都没怎么顾得上照顾客户。还好客户对这里的饭菜十分满意，吃完饭大家又去喝茶，客户对这里的茶也是赞不绝口，大赞很香、很地道。小李悬着的一颗心这时才慢慢放下来。

最后签合同的时候，客户没怎么刁难就爽快地签了。小李很高兴，暗想：以前约客户吃的都是日本料理，没想到这次突发奇想了一次，不但花费少了一半，连合同都签得这么顺利，看来约客户一定要找对地方才行啊。

※ 案例解析

小李的故事告诉我们一个道理：山不在高，有仙则名；水不在深，有龙则灵。有时候一点小特色甚至比那些花费了大心思、大手笔制作出来的更能得到人们的认可和赞许。为什么呢？因为有特色！有自己的东西在里面，有特色的东西往往隐含着一种诚意，让别人一看就觉得很亲切，认为你是个有心的人，是对这件事上了心的，再怎么都不会刻意刁难你。

其实请客吃饭也是这个道理。客户不是没见过世面的愣头青，他们也吃过山珍海味，也喝过茅台、五粮液，更享受过一些高档餐厅的布局和环境，但他们就是不曾体会过那种身在闹市却仿若置身幽林之中的境界，不曾体会过独在异乡却似回到了故土的味道。所以，摸清他们的品位，请出你的“特色”来，让他们感觉到你的诚意和付出，那么以后的事就好谈了。

※ 聊天要点

1. 选址很重要

请客吃饭，选址很重要。当你选择一个有特色的地方，客人也会觉得你这个主人有品位。例如，你请一个喜欢历史的人吃饭，若餐厅能够切合主题，选一些好吃又有特色的江湖菜，客人不仅品尝了古代美味佳肴，又能有身为江湖客的感觉，必定会满意而归。

2. 时间很重要

请客时间的选择也很关键。如果你选择一个客人繁忙的时候，他又不好推脱，那这顿饭吃得肯定会心不在焉。客人会觉得你耽误了他时间，肯定没有心思想着你让他办的事，那就得不偿失了。又比如，你在北京下班高峰期选择离客人又远又堵车的地方，那你怎么能指望客人参加你的晚宴呢？因此，选择时间是吃饭前期必须要好好思量的事情。

3. 客人爱好很重要

请人吃饭，你要了解客人的爱好和习惯。例如我们刚才说的，客人喜欢历史，你请他吃江湖菜；客人若对军队有感情，你请他吃部队菜；客人若是哈韩一族，那请韩餐绝对错不了；客人要是经常和你聊天，怀念小时候的味道，那农家饭肯定会符合他的心意……

酒桌之上，要懂长幼之道

汪曾祺曾经表述：最和谐的父子关系应该是“多年父子成兄弟”。这句话体现的是父慈子孝，双方尽最大的努力去理解和体谅对方，却被今人当成要改变尊敬长辈的佐证。

“长幼有序”这四个字，也许会换来很多人的不屑，甚至会有人说这是封建家长制的余毒。事实不然，尊重长辈这件事放在哪里都不会过时。很多人会用美国年轻人称呼自己父亲的名讳来辩驳，说尊重长辈应该随着社会的变迁而减轻。因为在过去的时代，社会变化节奏慢，年轻人一般只是重复上一辈的经验，凡事要向“过来人”请教，所以对长辈当然尊重。如今社会和科技发展日新月异，年轻人不可能重复上一代的经验。相反，要应对未来的挑战，年轻人往往要比上一辈掌握更多的技能，如计算机等等，长辈常常还得向他们请教。所以，他们当然不会对上一代服服帖帖。

在一本杂志上读到过这样一个故事：

周秘书曾经是方局长的秘书，后来方局长退休后，周秘书也被提拔成了科长。过年前夕，局里要搞个活动，宴请离退休的老干部，并要求所有的在职人员都要参加，不得请假。本来要陪副局长公干的周秘书一肚子火气，甚至还冲着报纸不咸不淡的消息骂了两句无名娘。

宴会开始，先是局长讲话，后来又是副局长讲话，讲得一桌子好好的饭菜都变冷了。等到大家讲完，周秘书赶紧夹菜，希望早点离开这个场合。这个时候大家又开始敬酒，他也不例外，敬了局长敬处长，觥筹交错气氛不错。这个时候方局长举杯前来，说：“周秘书，呃，不，周科长，我敬你一杯，敬咱们曾经共事过的光辉岁月。”周秘书受宠若惊，须知瘦死的骆驼比马大，赶忙举杯喝酒，喝完酒后方局长借口不舒服早早地离开了。

过了一个月，周秘书接到了自己的调动通知，自己被派往基层锻炼。他不明就里，旁边有人为他指点迷津，方局长对你周秘书有知遇之恩，你竟然在酒桌上都不敬酒，这种卸磨杀驴的人，怎么能混机关呢?

※ 案例解析

看来在酒桌上，千万不要忽视长辈。周科长就是因为没有主动敬酒，仕途一下子就暗淡无光。

在这里需要指出，美国人虽然崇拜年轻，但是他们会非常认真地研究长辈的经验。就像马克·吐温曾说的那样：“当我 7 岁的时候，我感觉我父亲是天底下最聪明的人；当我14岁的时候，我感到我父亲是天底下最不通情达理的人；当我21岁时，我忽然发现我父亲是天下最厉害的智者。”所以尊重长辈是件非常重要的事情，而在酒桌上的尊重，更是必不可少的。

※ 聊天要点

在酒桌上，同长辈喝酒需要懂得以下几个步骤：

1. 祝酒

敬酒也就是祝酒，是指在比较正式的宴会上，由主人提议提出某个事由来饮酒。当我们敬长辈喝酒的时候，一定要找一些美好的祝愿、祝福，让长辈们喝得舒心。比如说：我祝您福如东海长流水，寿比南山不老松。

2. 喝酒

饮酒的时候，祝酒词也不可或缺。需要有人率先提议，可以是你，可以是主人，也可以是在场的任何一个人。在提议干杯的时候，应起身站立，右手端起酒杯，或者用右手拿起酒杯后，再以左手托扶杯底，面带微笑，目视祝酒对象，嘴里同时说着祝福的话。有人提议干杯后，要手拿酒杯起身站立，即使是滴酒不沾，也要拿起杯子做做样子。将酒杯举到眼睛高度，说完“干杯”后，将酒一饮而尽或喝适量。然后，还要手拿酒杯与提议者对视一下，这个过程就算结束。

3. 干杯

当我们同长辈喝酒的时候，一定要小心谨慎。首先，在干杯前，我们可以象征性地和对方碰一下酒杯，但是碰杯的时候，应该让自己的酒杯低于对方的酒杯，表示你对对方的尊敬。用酒杯杯底轻碰桌面，也可以表示和对方碰杯，当你离对方比较远时，完全可以用这种方式代劳。遇到不能喝酒的长辈，要充分体谅，可以帮他代酒，或者是用饮料代替他的酒，不要非让长辈喝酒，也不要对长辈不能喝酒的原因穷追猛打。

沟通有始有终，吃饭尽善尽美

天下没有不散的筵席，有开席，自然就有收局。中国人讲究一个尽善尽美，做一件事情，需要好的开头，更需要漂亮的收尾，如此才称得上是功德圆满。如果我们在开局和过程之中已经耗费了大量心力，什么都做到尽善尽美了，最后却坏在了收局上，那先前所有的努力都付诸东流了。对待收局，我们一定要慎重再慎重。

收局为什么那么重要呢？那是因为这是你开始收获这顿饭局结果的时候，是你们前面所谈的事情一锤定音的时候。如果急了，则可能是“煮熟的鸭子也飞了”；如果慢了，则可能是“黄花菜都凉了”。所以收局阶段，我们要像前面开局那样，不急不躁、游刃有余，争取有一个漂亮完美的收局。

那么，如何才能做到一个漂亮完美的收局呢？第一，是注意细节；第二，还是注意细节。细节是魔鬼，越到最后越是如此。因为魔鬼往往喜欢隐藏在人们成功前的那一刹那，让你功败垂成。不会做收局的人，就算在开始占尽了先机，过程中又出尽了风头，仍免不了到最后被淘汰出局的厄运。

围棋比赛中曾几何时有这样一位天才人物，前五十手堪称天下无敌，中盘精心布置，攻守兼备，做得是滴水不漏，却往往在最后的收官阶段被人屠掉大龙（围棋术语，指被吃掉一大块子），功败垂成。后来苦心钻研数年，终于璞玉归真，在国际大赛中罕逢敌手，所向披靡。为何？因为他收官阶段堪称完美。别人就算在布局、中盘占尽先机，往往最后仍是被他一举擒获，他就是有“石佛”之称的韩国天才棋手李昌镐。

※ 案例解析

这就是收局的魅力，收局做得好，不但可以弥补开局和中盘的不足，有时候还能让事情发生逆转，向着有利于你的一面发展。

我认识一个朋友，叫小东。他有一次给我讲的一个事，非常值得拿来这里说一下：

小东是一家水产店的老板，希望能从一个大批发商那里购买一批当下销售正旺的海鲜，于是请大批发商去自己专门供应的一家鲜鱼馆吃饭。但大批发商认为他实力不行，而且又是分期付款，有点信不过他，不管他怎么谈，大批发商都要求先交足50%以上的货款。但小东一时拿不出这么多钱来，谈到最后，小东都差点给大批发商下跪了。因为海鲜是个时鲜的产品，过了这段时间，谁知道还有没有好的行情。要想趁机多赚一笔，就得抓住目前这段时间，但没有货源对于刚入行不久的小东来说，的确是一次致命的打击。

小东费尽了口舌，也没能说动大批发商给他优惠的条件。但后来结账的时候，饭馆的老板死活不肯收小东的钱，看得这位大批发商一头雾水，怎么有钱都不赚？在听他们“争执”的过程中，大批发商才明白，原来小东是这家饭馆的供货商，供货不但及时，每笔账也都算得清清楚楚。饭店老板觉得跟他合作很实在，所以一般他在这里吃饭能不要他的钱就尽量不要。大批发商听了大受影响，从另一方面感受到了小东经商的人品和原则。所以一回去，就提了货直接找小东签合同了，而且只用先付足20%的货款就可以了。

※ 案例解析

像小东这样请大批发商吃饭，虽然刚开始谈得很不顺利，但最后收局阶段，出现了惊人的逆转，不但成功地取得了大批发商的信任，更把自己这单生意给做了下来，可以说是一举两得。

※ 聊天要点

1. 吃完，不等于饭局结束

收局想要做得完美，不但要有以上这种出其不意的一幕，更需要一些完善的细节来做铺垫，切不要以为吃完了饭就没事了，有时候没谈完的东西，就需要吃完饭后坐下来接着谈。

2. 吃饭要注意现场气氛

在饭局中，除了要顾及对方的感受外，更要注意现场的气氛，饭吃到什么时候才算结束，这里面也有一套说法：吃快了，事情谈不完；吃慢了，对方又觉得你做人做事不够果断，有点啰里啰唆。

3. 最后阶段，不能急功近利

越是到最后阶段，越是不能急功近利，要把握住节奏。节奏有了，最后收局时那定音的一锤，才能够砸得响亮、砸得干脆、砸得完美。

Part 7

职场当中会聊天，你就是单位的一块宝

与人相处的过程中，卓越的说话技巧，可以让你得到别人的关注，建立起良好的人脉关系。但是在刚刚步入职场的人群中，有着两种容易走极端的人，有一种人喜欢沉默，好像自己什么都不知道，任何事与他无关；还有一种人是大嘴巴，这种人很喜欢表现自己，根本不会在乎别人的感受，也听不进别人的意见。显然这两种人的做法都是错误的。

聊天，聊出一个别样的职场世界

职场中，有很多人都不善于将自己的才华表现出来，这往往使得他们失去了更好的发展机会。作为一名优秀的员工，应该要学会懂得在上司面前争取表现自己的机会以及如何吸引上司的目光。

不管是哪个上司都喜欢有前途、聪明的下属，而不喜欢平凡默默无闻的人，你必须在适当的时候表现出自己的才干，让上司知道你有更佳的潜力和才干。要想吸引上司的目光，就要在关键时刻露两手，主动地去表现自己。如果你只是默默无闻地工作，没有人会注意你的成绩和努力，上司也不会无缘无故地提拔一直默默无闻的下属。

身为员工，最大的职责就是应该在自己的岗位上把本职工作做得尽善尽美。但是也许你所从事的工作，无法轻易与上司挂上关系，也无法获得上司的重视，这样，你的地位和成绩就可能受到上司的忽视，这对于你能力的发挥和前途有很大的限制。那么，当你面对这种情况时，千万别灰心，因为机会全是靠自己争取来的。你只要抓住了机会表现自己的才能，自然就会博得上司的好感。

通常情况下，上司都喜欢谦虚谨慎的下属，但是谦虚谨慎不代表要埋没自己的才能。有时候，过于谦虚反倒会让自己吃个大亏。当你出色地完成上司交代的任务时，一定要向上司报告自己的成绩，让上司看到你的进步。当你和别人一起完成了一项艰巨的任务时，一定不能掩盖自己的辛苦，要让上司注意到你。如果你自己不说，上司可能永远不知道你做出了哪些努力和成就。

有时候，毛遂自荐是你获得上司青睐最好的办法。

在杂志上看到过这样一篇文章：

小娜在不久前被提升为秘书室主任，她一开始还是一个市场部的普通员工，谁也没想到她能晋升得这么快。这要归功于她经常策划出一些精彩的文案，并且时常有文章在刊物上发表。除了出色的工作能力和勤恳的工作态度，小娜能够被提拔完全是因为她适时地向上司推荐自己，展现了自己的才华和做事能力。

当小娜知道秘书室主任一职空缺的这个消息时，自信的她主动向总经理自荐争取这个职位，本来之前这个职位是内定给打字员小丽的。总经理边翻着小娜的文章，边对她一手漂亮的字发出赞叹，为了公司的发展，总经理经过再三考虑后，终于决定放弃那个长得漂亮但文笔平平的小丽，让小娜做了秘书室主任。

※ 案例解析

聪明的员工善于凸显自己的优点，既让领导发现自己的长处，也表现出了自己聪明的处世哲学。每个领导都喜欢既能干事又聪明的下属，所以善于表现对于一名员工的职业生涯来说是至关重要的。其实每个员工都有各种才能和优势，如果你不敢在上司面前显现自己的优势，不让上司看到你的优势，那么被提拔的人永远也轮不到你。

与其一味消极地隐藏自己的缺陷，倒不如采取积极的策略，展示自己优秀的一面，这样才能在竞争中占据有利地位。当然，你要展示的是你自己独特的地方，是其他员工所不具备的优势，这样才会更出众，为自己的职场升职之路铺平道路。

中国传统的为人处事讲究谦虚、低调，但是“好酒不怕巷子深”“土不埋金”的古训有时在职场竞争中并不适用，等着别人发现自己往往会与机遇失之交臂，坐等机会最后也只能落空。

人们喜欢孔雀是因为它们懂得在人们面前展开自己美丽的凤屏。一只不懂得在人们面前开屏的孔雀，又怎会让众人因它的美丽而发出赞叹和欣赏。因此，员工要善于创造机会，及时抓住机会，充分展现自己优秀的一面。充分展示优秀一面，让同事和领导了解你的才能，你才能得到比对手更多的机会，在职业舞台上跳出最美的舞蹈，当然会得到最热烈的掌声。

我朋友李华是个很会表现的年轻人，大学毕业后分配到一个机关单位工作，单位里的领导和同事大多年资比较高，于是他一到单位就几乎把打扫卫生、提开水倒茶等小事全部包揽了下来。每天早晨总是提前半小时到单位，扫扫地、拖拖地板，把卫生整理得井井有条；再把开水提来，给领导和同事先沏上一杯，等其他人来了，一切都已准备得妥妥当当。领导和其他同事都夸赞李华工作积极，表现不错。自然单位的一些福利和优厚待遇大家也十分照顾他。

※ 案例解析

作为年轻人，工作资历浅，业务提高是首要的，但是适当地表现自己，搞好人际关系也是不容忽视的问题。同时，在上司遇到难以解决的问题的时候，你要敢于出头，替领导解燃眉之急，既可以显示自己的能力，也可以让上司对你另眼相看。但表现自己也要注意方式方法，千万不要在上司面前过分显出自己的才能和上司的无能，如果这样做的话，即使你再优秀，再有能力，也终将没有出头之日。

※ 聊天要点

1. 敢于表现自己

有的员工在上司面前十分拘谨，不敢发表自己的看法，更不敢当众表现自己，因为他们怕上司和同事发现自己的缺点和不足。其实，越是极力掩饰，你的缺点越会显露而优点被埋没。这样的人，虽然不会犯错，但是也不会受到领导的重视，更不会被提拔。

2. 懂得创造机会

在竞争如此激烈的现代职场中，如果你总是躲在一旁，看着别人升职，羡慕而不去改变自己，那么在到处是才思敏捷聪明人的职场里，领导的目光永远也不会投到你的身上。如果你不懂得去创造机会，有了机会也不懂得把握，那么在激烈的竞争中失败就在所难免。

3. 注意自己的态度

善于表现自己的员工在小事上也十分注意自己的态度，领导交办的任务办多次也完成不了，在领导面前表现过分高姿态，都是领导不喜欢的行为。相比之下，手脚勤快的下属更受领导的青睐。事无大小，都争着干、抢着做，领导心目中都会对你有好评价。

初入职场，先得懂得什么能说什么不能说

工作中真正懂得表现自己的人，通常既表现了自己，别人又察觉不到。他们不会自顾自地在那里大谈特谈，不会以自我为中心，而是能给人一种“参与感”。与同事交谈时，他们喜欢用“我们”，他们不喜欢用“我”，因为“我”给人一种距离感，而用“我们”不仅无形当中把其他同事拉到同一阵营，而且更有亲和力，还可以按照自己的意图影响他人。

“枪打出头鸟”“木秀于林，风必摧之”。这就告诉我们，一个人太出彩其实不是一件好事，我们要随时保持谦虚低调的态度，才能让自己离成功越来越近。因此，我们在工作后的头三年里就要学会不露声色地让别人注意到自己，这也就是大家所说的“低调地卖弄”。

我朋友张栋是一家大公司的职员，他工作积极主动，待人热情大方，深受同事们的欢迎。可是突然有一天，一个不经意的举动让他在同事眼里的地位一落千丈。

这天大家在会议室等待着经理来开会。一位同事觉得地板有些脏，于是就站起来开始打扫。张栋却没有注意到，一直站在窗台边往楼下看。这时突然他走到拖地的同事面前说要替那位同事打扫，这时，地已经拖完了，可张栋却执

意要求，同事也没多想把拖把递给了他。

张栋刚把拖把拿过来，经理便推门而入，正好看到他拿着拖把拖地的举动。于是，一切不言而喻。

大家突然觉得张栋十分虚伪，纷纷不再跟他交往。

※ 案例解析

自我表现是人类的一种本性。就像百灵鸟喜欢炫耀清脆的声音一样，人类喜欢表现自己是很正常的行为。如果不分场合地表现自己就会让人觉得虚伪、做作，引起其他同事的反感，最终的效果往往是事与愿违。很多人在谈话的时候不管是否以自己为中心，老是爱表现自己，这种人会让人觉得轻浮、傲慢，最终让别人产生排斥感和不快情绪。

在和别人交往的过程中，每个人都希望得到别人的尊重和赞赏。法国一位叫罗西法的古哲学家曾说过："如果你要得到仇人，就表现得比你的朋友优越；如果你要得到朋友，就要让你的朋友表现得比你优越。"这是因为，当你的表现让朋友觉得比你优越时，他们就会有一种得到肯定的感觉；当你表现得比别人优秀时，很多人就会反感，甚至对你产生敌对情绪。因为每个人都会在无意识的情况下本能地维护自己的尊严和形象，如果有人让他感觉到自卑，那么无形之中他就会对那个人产生一种排斥心理，严重的甚至会产生敌意。

有一次过年一家人吃饭，听我嫂子讲过她们学校新来的一个老师多么会来事的故事：

李静是刚从大学毕业进入中学的新教师，对最新的教育理论颇有研究，讲课也形象生动、寓教于乐，很受学生欢迎，引起了一些任教多年却缺乏这方面研究的老教师的嫉妒。为了改变现状，李静故意在同事面前放低自己的姿态，并且很谦虚向其他老师学习。

李静放低姿态后，有效地拉近了自己和其他老师的距离，也就消除了他们对她的敌视心态。

※ 案例解析

平易近人、低调谦和的人总能结交许多好朋友，而那些自私自大、自以为是的人，在交往中到处碰壁，让人反感、令人讨厌。

因此平时一定要学会谦逊待人，这样才会得到别人的支持，为你的事业成功奠定基础。当你以谦逊的态度来表达自己的观点或做事时，就能减少一些冲突，还容易被他人接受。即便你发现自己有错时，也很少会出现难堪的局面。

※ 聊天要点

1. 学会尊重同事

在职场中，即便你真的比你的同事强，在心理上你也要给别人应有的尊重，学会与他们相处，这样同事也就不会对你产生反感，同时他们也会慢慢认可你的能力。同时，你还要懂得适当暴露自己的劣势，减轻嫉妒者的心理压力，从而淡化危机。

2. 学会谦虚待人

职场中往往会有这样一些人，他们十分机智，有很强的工作能力，但是他们锋芒太露，让别人敬而远之。他们太喜欢表现自己了，总想让所有人知道他们比别人强，总以为这样才能获得他人的敬佩和认可，其实结果只能让同事们讨厌、反感。

做人要学着低调、谦虚。越是谦逊的人，别人越是喜欢和这种人在一起相处，最后发现其优点；越是孤傲自大的人，别人越会瞧不起他，喜欢找出他的缺点。

3. 学会低调做人

不管怎么说，作为职场新人，刚刚踏入公司，一定要学会低调做人。即使你的才华再出众，即使你学校的名字再大牌，也不要在同事之中表现出高人一等的姿态来。你可以表现自己，但是不要太过高调，要保持谦虚的态度。只有这样，你才能在出色地完成工作的前提下又得到大家的赞赏。

闷着不说是种错，四处乱说更是错

与人相处的过程中，卓越的说话技巧，可以让你得到别人的关注，建立起良好的人脉关系。但是在刚刚步入职场的人群中，有着两种容易走极端的人，有一种人喜欢沉默，好像自己什么都不知道，任何事都与他无关；还有一种人是大嘴巴，这种人很喜欢表现自己，根本不会在乎别人的感受，也听不进别人的意见。显然这两种人的做法都是错误的。

看到过这样一篇文章：

冯潇大学毕业后在一家速冻食品公司当职员。在工作中每个人都承认冯潇是一个非常认真负责的人，领导们也都表扬他兢兢业业。对于领导布置的任务，他总是能够很快很认真地完成且高效高质，领导对他的工作深表满意。可是冯潇有一个问题，他始终没有意识到，就是他非常不愿意表达自己的观点。

每次开会的时候，冯潇是最先到会议室的人，但是大家都在表达自己看法的时候，冯潇却只是点头，埋头仔细记录着别人的看法。当领导向冯潇询问意见的时候，他总是微笑着说："大家说得都很好，把我想说的都说出来了。"其实他也并不是不想说什么，只是他总是认为自己的资历太浅，贸然说出自己的想法恐怕会犯错误，而认真记录就是要学习一下大家的想法，等到自己资历够的时候再开始说出自己的想法。只是冯潇最初的想法经过他一直不提问后也就变成了习惯。

工作了几年，冯潇发现身边的同事一个个被提升或加薪，而自己却止步不前。他不知道这是为什么？其实对于一个领导来说，他们更喜欢一些有想法的员工，他们觉得这些人具有创新精神，能够为公司做更大的贡献，冯潇只能做一些没有风险的工作。

※ 案例解析

其实事情就是这样，如果你一直不发表自己的看法，没有人能知道你真实的想法，可能你的价值就会被埋没。作为员工，我们在平时的工作中，应该注意多表达自己的意见，积极地参与到讨论当中。只有这样，员工们才能更好地体会到工作中的重点，了解工作任务，改变自己的工作方式，加强与同事的沟通和合作。

当然，在不同的业务部门、不同的管理体制、不同的公司文化、不同的经营理念下，每个企业的沟通风格都会有所差异。但是不管是怎样的沟通风格，你一定要保持和整体的风格一致。不要搞特殊化，尽量采取大家习惯和认同的方式，避免招来其他人的非议和不满。善于与他人交流、善于与他人合作的员工会更受欢迎。新员工必须抓住机会，在适当的场合表达自己的想法，提出自己的意见，这样才能很快得到领导和同事的认可。

美国某汽车公司，需要采购车座上的绒垫，当时有三家商店分别派职员前去推销。其中两家商店所派去的职员，都十分的能言善辩。当时只有一家公司的职员因为身体不适无法表达他们的方案，那位职员去到汽车公司，用沙哑的声音勉强地说：“我实在不能说话，你们需要的商品，我只能为你们写下来为你们介绍。”汽车公司的领导，看到这种情况，便很友善地说：“你不必讲话了，你把商品拿出来，我们可以做出比较的！”于是他站在旁边默不作声。结果，他得到了这笔订单。

※ 案例解析

这个例子并不是很恰当，但是这个事实却说明了一个问题，有时候，不开口的效果比开口更好。

另外还有一点，如果你对谈话的背景、内容不十分了解的话，就更应该注意在你了解之前，不要随便发表自己的看法，以免给自己带来尴尬。

※ 聊天要点

1. 让表达成为一种习惯

卡耐基说过：“当众发言是克服羞怯心理、增强人的自信心、提升热忱的有效突破口。这种办法可以说是克服自卑的最有效的办法。”

当表达自己的观点成为一种习惯时，一定会让其他人了解你的看法。你会发现自己在不知不觉中变得独立，一旦你热衷于表达自己的观点想法时，哪怕是内容有限，你也会从自己的经验中搜寻到东西，作为谈话的资料。

2. 表达可以，但别说得太多

表达观点可以，但如果说的过多也并非什么明智之举。说得过多，很容易错过别人有用的看法，而且容易给人一种自以为是的感觉，总之这也是一种不恰当的职场表现。

生活中有的人口才很好，他们仿佛不知疲倦，总是夸夸其谈、滔滔不绝。这类人必然很好相处，而且十分容易交流，但是这样的人会在不知不觉中犯错误，总是不给别人表达自己想法的机会。即使他不是故意的，仍然给人一种自我的感觉，也很容易得罪别人。

3. 学会聆听别人的意见

一些人，当别人意见与自己的想法不一致时，经常不等别人把话说完就插嘴。其实这样的做法很不礼貌，不仅不能改变别人的想法，还会让别人很反感。你想，别人正有一大堆的话急于想说出来呢，你却插嘴，这时别人一定不会注意你想表达的意思而想要继续说出自己的想法。因此我们应该学会聆听，并且尊重别人的意见，之后大家有什么不同的看法再进行沟通交流。

我不是职场中的“大嘴巴”

虽然办公室不是菜市场，但总有些人喜欢扮演“包打听”的角色，或者喜欢扯一些东家长西家短的话题，或者口无遮拦地说一堆私事。这些到处打听、传播别人私事、甚至添油加醋的人是最不受欢迎的。

在职场中，一个优秀的员工重要的就是做好自己的本职工作，千万不要做办公室的“小喇叭”“大嘴巴”，这样会使你陷入恶劣的人际关系，工作也无法进行。

在一本杂志上看到过这样一个故事：

梁欢今年26岁，在一家金融单位工作。她性格开朗，但过于热情，在单位人称“宇宙广播站”，上上下下没有她不说的事。

单位的一位女同事无意中说讨厌单位的某某领导。她没有多久就传播说这位女同事受到了某某领导的性骚扰，闹得全单位人心惶惶的，关系都很紧张了。

某某领导被上级纪检部门找去谈话，她就把话传播出去，说领导有严重问题，要被判刑了。一位女同事哭着来上班，大家都忙着工作，她凑过去打听。那位女同事数落了丈夫一大堆的不是，讲了婆婆的很多坏话。梁欢听了以后，传播说是因为丈夫外遇的问题，气得女同事与她几天不说话。

单位的一个女同事辞职了，她听了大家的议论，不加思考，没轻没重地传播了很多花絮，涉及单位的很多人和事，闹得大家对她意见很大。现在她一上班，单位的人都离她远远的，没有人愿意与她交流。单位没有说话的机会了，就在家里乱传播，闹得家里亲戚关系紧张起来，丈夫气得不爱和她说话了。她感到很苦恼，觉得生不如死。

※ 案例解析

像梁欢这样的人在职场中不占少数，他们平时不是把精力放在工作上，而是放在打听别人的隐私、传播别人的闲话上，最后却落个人人离他远去的结果。这种人是办公室谣言的集散地，是茶水房里的大红人，以制造、传播谣言为乐。她们具备做间谍的本领，有捕风捉影的洞察力和锲而不舍、不怕白眼的决心，还兼具做主播的天分，能把看来的、听来的，甚至编来的故事讲得头头是道、惟妙惟肖。

※ 聊天要点

1. 职场中，减少你的好奇心

对于那些爱传播小道消息的人，心理医生建议一定要克服爱打听和传播小道消息的不良习惯。一定要以平常心对待单位的同事和周围的人，不要对什么事情都好奇，更不要添油加醋地传播。好奇心减少了，对于小道消息自然也就没有兴趣了。

2. 加强自我修养

要加强自我修养的锤炼，学会分析问题、明辨是非，不要人云亦云，被人利用。更重要的就是严格要求自己的言行，不要随便破坏同事之间的团结、损害他人的利益，不做办公室的“大嘴巴”。

3. 提防身边的“小喇叭”

每个办公室里都有“小喇叭”，他们眼观六路，耳听八方，消息灵通，线人遍布基层和高层，有些老板也乐于听听他们的八卦以察下情。这样的人千万得小心提防。搞不好在老板面前将谎言重复一千遍就成了真理。

在职场的世界中，可没什么童言无忌

当你步入社会后会慢慢地发现，那些从前在课本里学来的心直口快、仗义执言、直言不讳等行为，在这个现实的世界里显得那么不成熟。因为，那些口无遮拦的人，总是轻易地就得罪了某些人。

我朋友谷雨平时为人热情，多次帮助公司的女同事介绍对象。但结果是成的少，无疾而终的多。在公司里，有一位30多岁的女同事，谷雨多次给她介绍对象，都没成。谷雨一时心急，就在闲聊时大发感慨说：“三四十岁还不结婚的人心理肯定有问题。”语毕，那位女同事很生气地说：“我怎么就有问题了，你这么说话合适吗？”

谷雨也觉得自己说话过分了，连忙补充道：“对不起，我不是说你，我是说男的。”说完，方想起来办公室里还有一位快到40的男同事至今未婚，最后办公室一片静默，好好的气氛就这样被破坏掉了。

＊案例解析

年轻人一定要管好自己的嘴，别像谷雨那样，什么话都不经过思索，就脱口而出。这样很容易就伤害到别人，而自己在别人心中的信任度也会直接下滑，最终成为一个不受欢迎的人。

我的妹妹露露为人直爽、说话直接。同事们经常说她口无遮拦，说话永远不经大脑，总是先说话后思考。就因为说话口无遮拦，露露常常不顾及别人的面子，所以有时得罪了人，她还不知道。

一次，朋友郝灵买了一件新衣服，很贵、很漂亮。但遗憾的是郝灵的身材因为刚刚生完孩子有些臃肿，衣服穿起来显得有些不合适。

朋友们都看出来郝灵很喜欢这件衣服，所以都不忍心打击她，纷纷赞扬起来："这样的衣服才显出你的气质，穿起来真好看啊，虽然贵了点，但物有所值啊！""这件衣服真好看啊！在哪买的，哪天我也买一件！"……

这一系列的赞美让郝灵很受用，她非常高兴。可是这时露露却突然说："你太胖了，身材都变形了，穿这衣服真是不好看，你看你的小肚子都露出来了，多难看啊！而且还那么贵，也没见得好在哪儿啊，我看也不值那么多钱！有这些钱都能买好几件不错的衣服……"

还没等露露说完，郝灵便气愤地走了。其他朋友也很生气："你是实话实说痛快了，可这不显得我们虚伪吗？"

以后，大家聊天时总是躲着露露，毕竟，谁的面子也不经伤啊！

＊案例解析

俗话说："病从口入，祸从口出。"像露露这样口无遮拦，虽然逞了一时口舌之快，但最终却伤人伤己。

步入社会以后，你就没有童言无忌的豁免权了。如果你继续口无遮拦，那么只能让你处于朋友不待见、同事不喜欢的尴尬境地，最终交友失败、事业失败。所以年轻人一定要先明白这个道理，然后在与人交往时，牢牢把握好说话的尺度，避免口无遮拦。只有这样，在与人交往时，才能保证自己不会因为说话而得罪人。

※ 聊天要点

1. 不要满腹牢骚

在职场上，牢骚满腹是大忌。一个抱怨个没完没了的人一定是个不受欢迎的人，即使他的工作再出色，也很难得到大家的认可，因为他的牢骚和对别人的不满常常会抹杀他的工作成绩。

2. 不要随意打听薪水

一般来说，公司的老板都不喜欢职员们相互打听薪水。因为职员们的工资是有差别的，老板常常会用“同工不同酬”来“奖优罚劣”。老板当然不希望因为薪水的问题而打击部分员工的积极性、破坏公司的团结、引发员工之间以及员工和老板之间的矛盾。所以聪明的你最好不要在公司里打听别人的薪水。

3. 不要做无谓的争论

在办公室里和同事争论不休是没有意义的事情。喜欢争论的人，总是逞口舌之快，希望用自己的言语去压倒别人。殊不知，即使你在口头上压倒了对方，对方在内心里也一定是不服气的。而且，在这个过程中，你伤害了同事的自尊心，很可能会让对方对你心生反感甚至记恨在心。

4. 不要过多谈论私人生活

聪明人是不会在办公室过多地谈论自己的私人生活的，而是会很好地拿捏这个尺度。因为在办公室里适当地谈论一些个人生活，会显得比较有人情味，使同事之间的关系变得更加亲密。但办公室不是谈论私人生活的场所，如果不加选择地把个人隐私全部抖出来，就有可能给别人留下不好的印象，也有可能给别有用心的人留下话柄。

注意言行，莫要成为职场中的靶子

在职场中，注意自己的言谈举止很重要。如果你的言谈举止触犯到了对方的利益，对方一定会想方设法报复，这样你就很有可能成为对方的靶子。

做人做事一定要低调，言行要平和，不过分地张扬个性，就不会导致别人对你产生敌意，才能避免成为别人进攻的靶子。

如果你经常感情用事，说话很随便，甚至因为一点成绩就得意忘形，等等。这些不好的言行习惯会在交际中给你带来阻碍。当你的这些言行超出别人容忍程度的时候，别人必定会找各种机会给你小鞋穿，把你当成活靶子，甚至还会杀鸡给猴看。

在一本杂志上读到过这样一个故事：

梅朵研究生毕业，凭着自己的实力参加考试，过五关斩六将才挤进了公司。虽然进了公司，却只是个小职员。

公司在办公区有个不大不小的休息室，是员工们吃午饭、喝咖啡、喝茶的场所，也是休息时闲聊的地方，有很多闲话都是从这里传出来的。

有一次，梅朵去休息室冲咖啡，正好遇到两个同事正在闲聊。她们看到梅朵进来，也把梅朵拉进了闲聊的话题。

一个同事说："你们知道吗？听说咱们经理是胡总的小蜜。那次胡总来咱们部门视察时，他俩的眼神可暧昧了。"

另一个同事也说："就是就是。那次胡总一进经理的办公室，经理就把百叶窗给拉上了，两人不知道在里面干什么。"

梅朵这时插话道："听说经理只有高中文凭。我们这些大学生、研究生还不如一个高中生。经理的能力实在是不敢恭维。"

当这句话说完后，梅朵就后悔了。这两个同事在公司很久了，她们之间说什么，自然是没事的。可是自己说的话会不会被她们传出去，那就不一定了。

想到这儿，梅朵紧张地离开了休息室。

没几天，梅朵就被公司辞退了，原因是那两个同事告了黑状。她们把自己说过的那些闲话都推到梅朵的身上，并说给经理听了。两人怕梅朵会把她们说的话传出去，就先下手了。

梅朵知道被辞的真正原因之后，后悔不该听两个同事的闲话，更不该说那一句对经理不满的话。正因为自己的言行不当，才导致自己被别人当了靶子。

※ 案例解析

注意言谈举止，就是在职场中，要知道并明白哪些话该说，哪些话不该说；还有哪些事该做，哪些事不该做。

同样，在什么样的人面前该说什么样的话，做什么样的事，以及不该说什么，不该做什么，都要经过思考，然后做到谨言慎行。

当你在职场中做到了谨言慎行，才不会被人抓住把柄。如果你没有注意自己的言谈举止，很可能因为很小的一个细节被别人利用，并成为别人的靶子。

在职场中，谨言慎行是很重要的一方面。有才华、有能力是好事，但如果你不懂得收敛、不懂得隐忍，在人世中也是很难立足的，甚至会给你招来灾祸。

不管一个人多么有权有势，只要他过分地张扬、过分地狂妄自大、傲慢无礼，就不会有好的结局，这是有前车之鉴的。为了平顺的人生，做人只有谨言慎行，才能叱咤职场。

我朋友柳莹是一家公司策划部的副经理，她业绩突出、多才多艺、能力很强，长得也挺漂亮，但在公司却很不受欢迎。

柳莹刚进入公司的时候，凭借自己深厚的专业能力，经常能给上司提出很好的想法和建议。再加上她工作努力，同事对她的评价都不错。

在公司的集体舞会上，她能歌善舞，非常活跃。同事们一起去唱歌，她也是抢尽了风头，吸引了公司男同事的目光。

工作闲暇，女同事们总喜欢谈论一些穿着打扮的事情，而她这时总会无所顾忌地指出女同事们的不足之处。渐渐地，很多同事就都开始讨厌她。

柳莹在公司工作了三年，竟然没有建立起自己的人脉网，公司的新老员工都明显地孤立她。因为她的争强好胜，多次导致工作出现问题，上司在多次劝告她无效后，只好让她另谋高就。

※ 案例解析

在职场中，跟他人交往的时候，要懂得收敛自己的锋芒，不要认为自己是最优秀的。不要随心所欲地想干什么就干什么，想说什么就说什么。要多站在别人的角度思考问题，你只有站在他人的角度上思考，才能了解别人的真正意图，也才不致树敌太多，让自己被孤立，并成为靶子。有些事，能让给别人做的，就让给别人做；有些话，能让给别人说的，就让给别人说；有些风头或功劳能让给别人抢的，就让给别人抢。

总之，你要谦和、不多事、谨言慎行，才能平顺。隐藏自己的锐气，做一个成熟而有城府的人，你的路就会好走很多。

言谈举止决定你的职场生涯，你要注意自己的言谈举止，尽量避免因为言行问题伤害到别人，导致自己职场交际中的失败。

※ 聊天要点

1. 需要练就自我控制能力

因为在职场中，懂得自我控制的人才不会轻易受到情绪的制约，不会在冲动之下，做出伤害他人、给自己的职场生涯埋下隐患的事。

就算在面对自己不喜欢的人或者是自己厌恶的事情时，也不要轻易表露出你的情绪。你不必强迫自己喜欢对方，但需要礼貌而真诚地问候对方。如果你无所顾忌，说话做事随心所欲，丝毫不在乎别人的感受，这样很容易就会成为别人攻击的靶子。

2. 学会收敛性格

在职场中，如果你想有一个持续平稳的发展，就要学会收敛你的个性，学会谨言慎行、不张扬。否则，终有一天，你会得罪别人，别人也会给你制造麻烦、打击你。即使事情与你无关，你也可能成为替罪羔羊。

3. 远离闲话的中心

一些人多嘴杂的场合，你一定要远离并保持距离。说闲话、听闲话、最终你会落闲话，闲话的目标人物最后就会成为你。不说别人闲话，不掺和别人闲话的谈论，那些麻烦事就不会找上你。

4. 不要对别人说你的心里话

不要把自己的心里话说给某些人听。否则，你在与对方有利益冲突的时候，对方知道了你内心真实的想法，就会利用你的心理弱点，明里暗里打击你。这样你就成了别人的活靶子。

5. 不要指责比你职位高的人

在与比你位高的人交往时，一定要谦卑。不要指出他的错误，不要违背他的意思，不超越对方，要顺着对方。这样你才能免于与对方发生矛盾或冲突。

Part 8

商务聊天：第一次见面就搞定客户

在聊天中，人们往往存在着这样一种心理，即对于与自己有相同之处的人，人们更乐于接近。寻找并利用与对方的共同之处是拉近彼此距离的捷径，也是最有效的方式。因为这些共同之处使我们与对方有了共同话题、共同语言，因此他就会更信赖你，更愿意亲近你。

找到客户软肋，开口一击即中

对于销售人员来说，通常我们会说针对什么样的客户、卖什么样的产品。

我们常说："好的开头就是成功的一半。"千万不要让客户对你产生警惕感，这样成功的一半就没有了，你一张口不到三分钟的时间，第一句话就决定了你的命运。什么样的产品卖给什么样的人群，所以销售员要对受众群体进行分析，抓住这些消费人群的弱点。比如有些受众比较贪便宜，而有些受众则比较喜欢高档或者是显得尊贵，甚至是给他带来方便。销售员在销售时，一定要用你的优势直击对方的弱点，这样你的成交概率就大。

我认识的一个出版社的发行人员向一家大型书店推销一种教学参考书。书店的业务经理听了推销员的介绍后，开口就要订2000套。但这个推销员并未因成交高兴得忘乎所以，他认为这本书今后销售的好坏会影响到这家出版公司以及他本人的声誉。于是，他向书店经理分析道："据了解，贵市有需要此书的学校为15所，每个学校需要此书的学生为70～80人，每期三个月的培训。因此，三个月内有1200套就可以了。这个数量既能保证贵店供书，又可避免积压，影响资金周转。"经理听后，将信将疑，但三个月后，这种参考书果然销售一空。相对其他推销员只求书店多订书，而不管书店积压与否，这个发行靠诚信赢得了客户。

此后，这个推销员享受一项特殊的待遇，只要他认为好的书，尽管发货给这家书店，书店照单全收，并且及时结算，从不拖欠。而其他发行人员常常面对的不是退货，就是结款不及时。

※ 案例解析

练武的人都知道人体上的所有穴位，如此便可以在关键的时候击中对方要害部位，达到一招制胜的目的。这种方法也适应于推销员的推销工作。

一次吃饭，我朋友王宏给我讲了她推销产品时的一次得意之作，听着很有意思：

做化妆品直销员的她有一次敲开了一位客户的门。当她说明来意以后，客户要关门，说："我从来不买上门推销的化妆品，你请回吧。"王宏一看这客户不好沟通，本来准备走，突然听见了从客厅传来的钢琴声，她急中生智，说："您女儿也在学钢琴呢，刚才那一段好像弹错了一点。"

客户一听，知道王宏懂钢琴，就问："你怎么知道她刚才弹错了？"

"我女儿也在学这一首曲子呢，我天天听，也就听出来了。现在的孩子，真是什么都要学，什么也都难学啊！"这一下子说出了那位客户的心声，马上对王宏说："是啊，我们挣几个钱也就是为孩子挣啊，说实话，你挣这点钱也不容易啊，还得看别人的脸色。"说到这里，自己突然觉得不好意思了。

"您进屋坐，我们慢慢聊，圆圆，泡杯茶……"

※ 案例解析

很明显，王宏是抓住了客户女儿这一"软肋"，从孩子入手，找到了和客户之间的共同话题，产生了共鸣。这样，说服客户购买也就变得更简单了。

现实销售中，很多销售员总是发出这样的疑问：现在的客户怎么了？越来越难对付了，费尽口舌却是白费力，他们根本就无动于衷，甚至有些销售员会气急败坏，诋毁客户。

这里，首先要清楚一点，客户不是用来"对付"的，而是要诚心合作从而达到双赢的。销售员在从事销售行业前，首先就要摆正这一心态，不要认为销售就是简单的卖出产品、完成业务量的过程。如果仅以这样的心态进行销售工作，是无法搞清楚客户为什么对产品提不起兴趣，自己为什么卖不出产品的。

※ 聊天要点

其实，客户购买产品，有时候不仅仅是为了产品本身带来的某种利益或好处，还有一些其他原因。这些原因是隐性的，需要销售员自己去挖掘。这并不是人们常常说的产品的卖点和买点，而是客户的“软肋”或者“破绽”，只要销售员找出这两点，销售也就更加快捷、简单了。有以下两种方法：

1. 避实就虚法

这一方法运用在客户对产品没有表现出很大的兴趣，即使销售员费尽口舌，客户仍然不为所动的情况下。此时，销售员应该避开销售这个敏感的话题，改而和客户聊聊其他事，比如一些家常，但这些话题必须是客户感兴趣的。

要想做到这些，就需要销售员掌握客户的一些信息。同时，还需要销售员掌握客户的心理状况。

另外，还有一种情况，那就是客户对产品感兴趣。对此，销售员也可以通过自己的专业知识来帮助客户完成购买，这也是一种避实就虚的方法。

2. 围魏救赵法

“围魏救赵”也是孙子兵法的一招。原指战国时齐军用围攻魏国的方法，迫使魏国撤回攻赵部队而使赵国得救。后指袭击敌人后方的据点以迫使进攻之敌撤退的战术。

此招用在应对客户方面，是一种通过从客户身边的人身上下工夫，来影响客户的一种方法，这是一种关系营造法。也就是说，当我们在客户身上无法达到共同意见，从而影响到成交时，可以转移一下眼光，试着在客户的家人、朋友、同事身上花心思，通过维持与这些人的良好关系来影响客户，这种方式常常被使用在公关营销上。

通常情况下，人们对家人的重视程度是比较大的，家人是能影响客户的最重要的因素。比如，我们可以给客户的孩子送礼物，给客户的妻子送化妆品，给客户的父母送保健品等。当然，具体的能影响到客户的因素还是根据客户具体的情况而定的。

以上方法只是在日常工作当中总结的一些小方法，简单实用。但是，我们不能就把眼光停留在依靠这些方法上，希望以此来取得客户的信任从而取得不错的销售成绩，这是不现实的。销售员要始终记住，客户最关心的永远还是产品能给自己带来的利益和好处。

了解客户内心，才可手到擒来

兵法有云：知己知彼，百战不殆。在不知彼的情况下盲目作战，战斗力再强，也可能会导致全军覆没；在不了解对方心理的情况下试图说服对方，说服力再强，又将从何说起呢？

从这一点上来看，眼力其实决定了口才。

销售界有一个著名的案例：

某售楼小姐带一对老夫妻去看一幢老房子。走进院子时，细心的售楼小姐注意到老太太很兴奋地对老先生说："你看那棵樱桃树多漂亮啊！"老先生则示意她"闭嘴"。

正所谓"褒贬是买主"，刚走进客厅，老夫妻就开始抱怨客厅的地板太陈旧，售楼小姐赶紧对他们说："是啊，这间客厅的地板是有些陈旧，但这幢房子的最大优点，就是当你从这间客厅向窗外望去时，可以看到那棵非常漂亮的樱桃树。"来到厨房，老夫妻又开始抱怨厨房设备太陈旧，售楼小姐又说："是啊，但是当你在做晚餐的时候，从厨房向窗外望去，可以看到那棵美丽的樱桃树……"

就这样，无论老夫妻说那套房子哪儿不好，售楼小姐始终都是说："是啊，这幢房子是有许多缺点，但它有一个优点是其他房子所没有的，那就是您从任何一个房间的窗户向外望去，都可以看到那棵非常漂亮的樱桃树。"结果在售楼小姐不断强调下，这对老夫妻所有的注意力都集中在那棵漂亮的樱桃树上，最后这对夫妻花了200万元买了那棵“樱桃树”。

※ 案例解析

很明显，这个故事强调的是观察能力。都说“好人出在嘴上，好马出在腿上”。其实嘴巴不过是个发声工具而已，嘴巴怎么说，说得怎么样，完全取决于一个人的大脑是否强大。而强大的大脑，首先得益于一双锐利的眼睛，毕竟人类有90%的信息都是通过眼睛观察得来的。换言之，眼力不佳，人生成功的几率只有10%左右，而这个概率，基本上等同于瞎猫等待死耗子。

眼力不等于视力，它是观察能力和分析能力的高度整合。一个人可能老眼昏花，但这丝毫不影响他的眼力。同样，一个人可能视力超好，当飞行员都没问题，却往往看不透一个坐在他面前仅仅三尺的人。说来真有点儿对不起自己那双明亮的眼睛。

这是个流传范围广又比较经典的案例：

一家公司招聘营销员，主考官出了一道题目：把梳子卖给和尚。

来应聘的人都认为这简直就是开玩笑，但是有三个人却留下来迎接挑战。主考官以十日为限，检查销售业绩。第一位销售人员把梳子卖给和尚遭到痛斥，却在下山时见到小和尚挠头，于是劝其购买，遂卖出一把。第二位上山正好风大，游客头发被吹乱，他找到寺院住持，劝说住持购买梳子，供香客梳理头发使用，免得风大时蓬头垢面，对佛祖不敬。于是住持同意购买十把梳子，供全寺十座庙宇香客使用。最后一位则卖出了1000把，考官惊讶不已。原来，他说动了住持购买梳子命名“积善梳”，作为赠品赠给香客，这样寺庙的香火才能更旺。

※ 案例解析

这位销售人员不但成功把梳子卖给了和尚，而且开发了潜在的市场。我们发现，营销并不仅仅是和客户搞好关系，更重要的是发掘里面存在的“食物链”，了解客户的内心。

如果面对的事情非常复杂，难以理清头绪的时候，我们可以采用解剖法。思维操控要遵循一个原则：化繁为简。如果你深入分析后，依然发现根本无法理清事情的头绪，那么一定是对事物内部联系认识不清。任何复杂的难题，就像和尚与梳子存在的内在联系，不是表层的，我们可以深入、扩大，也可以浅出、缩小，在弹性原则下看清关系的本质。可以这样说，读懂别人是说服别人的前提，起码你要搞清楚对方真实的需求，或者更加深入一步挖掘潜在的需求。世界上没有说不服的人，只有看不懂的人、读不懂的心。

※ 聊天要点

1. 学会观察

观察细微，从细节到本质。想要了解别人，首先要细心观察别人的各种信息。这样才能让你在交际中更加了解对方。

2. 学会尊重

每一个人的自尊心都很强，一旦你无意间使其受到伤害，他便会痛苦不已。如果你时刻注意、尊重对方，让其有自重感，那么对方就会感到欣慰和满足。

3. 学会投其所好

人人都有各自的爱好，如果我们在说服别人的时候，能够尊重对方的兴趣和爱好，这样会使对方得到最大的满足，有助于建立良好的人际关系。正如著名的诗人西罗斯所说：“当别人对我们产生兴趣时，我们就对别人产生兴趣。”所以，如果你要影响他人，赢得朋友，就应该学会投其所好，谈论他人最感兴趣的话题。试想，一个和你没有任何共同话题的人，又怎么可能和你深入交往呢？

占据心理优势，一点点激起客户的欲望

没有欲望的人是绝对不会被打动的，正因为如此，要想谈判取得成功、成功说服对方，首先必须让他们自身产生相应的欲望。

优秀的推销员绝非一上来就说“请买这个产品”；有经验的谈判者也不会

一上来就要求得到对方的定论。他们会先与客户进行日常谈话，显出一副没有任何企图的样子，从轻松的谈话中找到对方的心理燃点，慢慢点燃对方心中的欲望之火。激发他人欲望的奥秘在于，偷偷潜入对方的欲求之中。

我朋友佳佳是某商场化妆品的销售主管，管理多个化妆品品牌。一些化妆品专柜的销售人员希望佳佳能够给予自己品牌更多的支持，因此经常送给佳佳一些化妆品小样。一开始，佳佳会使用这些小样，后来收到的小样越来越多，佳佳想:“为何不把这些小样放到网上卖呢？”可是她每天的工作内容都满满的，根本没时间照料网店。当佳佳了解到同学小倩从事行政助理工作较为清闲时，她决定说服小倩开个网店，帮助她销售化妆品小样。佳佳知道小倩一贯做事谨慎，不会轻易答应的，但她仍然决定试一试。

接下来的日子里，佳佳连续几次送给小倩化妆品小样，并且每次都会告诉小倩这些化妆品很贵，如果把这些小样卖出去，也是一笔不小的收入。小倩也表示认同这一想法。过了一段时间，佳佳觉得时机成熟了，就向小倩提出合伙开网店的想法。可小倩仍然不太愿意，佳佳就告诉她，化妆品小样很受欢迎，这个网店肯定能赚钱，闲着就是浪费时间等等。

小倩经过一番考虑，觉得这的确是个利用业余时间赚钱的好办法，就答应了佳佳的提议。

※ 案例解析

在这个事例中，佳佳之所以说服了做事谨慎的小倩合伙开网店，就是因为佳佳一步步地激发了小倩利用闲暇时间赚钱的欲望。当小倩渴望一边打发无聊时间一边赚点外快时，她就会同意开网店的提议。

值得注意的是，激发他人的欲望一般很难做到“一触即发”，说服者需要具备一定的耐心，要能沉得住气，并且要能够承受激发对方欲望所带来的时间成本和经济成本。

此外，在通过激发欲望说服他人之前，说服者要对说服成本和效果进行评估，以确保成功说服后所得到的回报的价值超出说服过程中的付出。如果结果相反，那么采取这种说服策略就是得不偿失的了。因此，只有具备了一定的承受能力，这种说服方法才能被成功运用。

激发欲望的一种很常见的方式就是引起他人的好奇心。每个人或多或少都会有猎奇心理，对难以获得的东西充满向往，想要看个究竟，好奇心非常大。正因为如此，一个哪怕毫无意义的事物只要能引起人们的好奇心，人们也急于了解它。

因此，当想要取得他人的同意或者想和他人商量某事时，不妨采取“卖关子”的方式，故作神秘引而不发，引起他人的好奇心，进而使对方主动对你所说的内容产生兴趣，你再趁此时机提出你的意见，说服对方便可水到渠成。

看到过这样一个故事：

王工程师想换装一个新式的测量表，但他了解工地工头非常固执，不愿意接受新事物，每次提出关于变动的计划，都被他否定了，这次更换测量表的建议肯定还会被他驳回，那么怎样才能使工头同意自己的提议呢？

一天，王工程师把新式测量表放在衣兜里，手里拿着一些要征求意见的文件来到工地。当大家正在讨论文件上的事宜时，王工程师把那个新式测量表从衣兜里掏出来看了看，然后又放进去，前后重复了几次这一动作。这时候工头终于按捺不住自己的好奇心了，问道：“王工，你兜里放着什么东西？”

王工程师淡淡地回答：“这个啊，就是个测量表。”

工头进一步盘问道：“什么测量表啊？拿出来让我看看！”

王工程师故作神秘：“我看啊，你还是不要看比较好。”他一边假装要离开，一边补充说，“这个是给别的部门用的，我看你们用不着它。”

王工程师越是表现出不想给工头看测量表，工头就越是想对这个测量表了解个究竟。听了这话，工头开始琢磨：“别人能用的东西，为什么我们用不着呢？”于是他来到王工程师面前请求道：“给我看看吧，我很想知道这个表有什么不一样。”当工头打量这个新式测量表时，王工程师假装随意地把其优点讲给工头听。过了一会儿，工头着急地喊起来：“我们怎么用不着这个啊？我一直在找这个东西呢！”王工程师听后表现出很无奈的样子，实际上他暗自笑了，他的目的就这样轻松达到了。

※ 案例解析

生活中往往会遇到一些固执的说服对象，他们不愿意听取他人的意见，习惯借反对他人来树立自己的权威。面对这样的人，直接的劝说恐怕无济于事，甚至还会使对方产生抵触心理，这时候引发好奇心的说服方式便可以派上用场。引起对方好奇心的说服方式，需要先做出一些无意识的小动作，当对方的好奇心被激发之后，再慢慢进入说服主题。

※ 聊天要点

当然，激发他人欲望的说服策略在实施过程中，应根据不同的说服对象进行具体分析，基本的说服方式有以下几种：

1. 暗示好处或者可以避免坏处

如说服已经有一台电视机的家庭购买电视机，不妨这样说：“只有一台电视机，两个孩子不会抢吗？再有一台的话就不存在这个问题了。”或者说：“夫妻俩为抢遥控器而吵架，多没意思啊。”大部分人想到一件商品如果能够帮助避免家庭矛盾，都会同意购买。只有当人们意识到按你所说的去做可以得到好处或者可以避免坏处时，人们才能对此产生欲望，这时候再劝说就轻松多了。

2. 故作悬念

当人们发现自己对某件事物还有不了解、没看到的地方时，就会对事物未知的部分持有一种急切期待的心情。说服者可以通过故意掩盖事物的某一部分，或者制造某种悬疑来激发对方的好奇心。一旦人们对某件事物好奇，便会开始渴望这一事物了。

3. 欲擒故纵，假装不让对方得到

在案例中，王工程师想要工头使用新式测量表，但他告诉对方“你们部门用不到”，他越是这么说，工头就越想要。原因是这种“得不到”“不给你”的东西，往往具备极大的吸引力。

4. 制造限制条件

我们去商场购物，当听到销售员说“这是全球限量版”的时候，神经不由得就会紧绷一下，因为限制条件的出现，激发了我们拥有稀世之品的欲望。

聊天就要让双方都感到舒服

语言是一门艺术。意思相同的话，有时候转变一种说法，就会有不同的效果。有的说法可能让人觉得亲切，易于接受；有的说法则让人觉得生硬，不为所动。

在一本讲述销售故事的杂志中看到过这样一段对话：

“您好！我是阳光保险的张航。”

“哦。阳光保险公司，你们公司的推销员昨天才来过。我最讨厌保险了，所以他昨天被我拒绝啦。”

“是吗？不过，我总比昨天那位同事英俊潇洒吧！”

“什么，昨天那个仁兄啊，长得高高的，哈哈，比你好看多了。”

“矮个儿没坏人，再说辣椒是越小越辣的啊。俗话不也说‘人越矮，俏姑娘越爱’吗？这句话可不是我发明的啊。”

“哈哈，你这个人真有意思。”

※ 案例解析

在销售工作中，销售人员要想拥有良好的业绩，一副好口才是必不可少的。案例中的销售员虽然遭到了客户的重重打击，却依然笑容可掬，并幽默地回应了客户的打击，给客户留下了很好的印象。当然，在销售行业中，好口才不是夸夸其谈、说得天花乱坠，而是能够说到客户的心里去，能够吸引客户的注意力，刺激其购买欲望。

在销售过程中，尽管销售人员都希望自己能完成交易，可并不是每个人都能做到这一点，其中很大一部分原因就在于口才。相同的情境，采用不同的表述方式往往能够产生截然不同的效果。在说服客户的过程中，实现成交固然是所有销售员的谈判目标，可是如果你说话的方式不够妥当，则往往会事与愿违。说服客户的过程既是销售员与客户实现双赢合作的机会，又是处处充满了勇气与智慧的较量，在这个过程中能否说出让客户和自己都舒服的话往往直接决定着销售的成败。只是反复强调一种商品的优点，未必能发挥太大的作用。而详细、生动、准确的描述，才是引导客户购买商品的关键。下面有两种说法：

"这种传真机外形也好，速度也快，现在已经达到12秒了，您买了绝对不会后悔。"

"使用这种传真机，每传送一张，在市内可以节省 ×× 元的费用，在市外则可以节省 ×× 元。"

第一种说法固然没错，也提到了商品的好处，但是泛泛而谈，而最后一句话有点强迫的意味，容易让客户反感。而第二种说法用实实在在的数据说明了产品的具体优点，更让人信服。

※ 聊天要点

可见，要想做一名优秀的销售员，必须拥有一副好口才，采取让双方都感到舒服的说话方式。只有这样，才能打开与客户沟通的大门，彼此产生共鸣，在融洽的谈话中实现目的。那么，销售员在说话的时候，应该注意什么呢？

1. 说话要简洁

简洁明了的说话，是每一个销售人员必须学会的，也是对一个销售人员的基本要求。专业术语冗长、滔滔不绝、口若悬河都会让客户反感。所以，在沟通时，销售员应该尽可能用较短的时间，简单明了、干净利落地把比较重要的信息传达给客户，要会根据需要将产品的有效信息用最简洁的话表达出来。放慢语速、甚至停顿，有效地"牵"住客户的思维。

2. 语言要生动

语言的魅力是无穷的，语言本身就是艺术。如何说能让客户接受并喜欢的话，是销售人员必须学会的。这样，才能发现客户的需求、刺激客户购买欲望并说服其购买。能够打动客户的语言一般包括如下特征：

(1) 活泼新颖、容易勾勒出产品相关信息。

(2) 易于使人产生愉快的联想并容易被记住。

(3) 易于使人觉得舒服和可信，容易被说服。

3. 别忘了幽默

无疑，爽朗和幽默的人很容易打开别人的心扉，能交到更多的朋友。对于客户来说，销售员完全是陌生人，如果销售人员能主动敞开心扉，谈吐风趣的话，便能很容易打开销售局面，进而展开销售工作。案例中的销售员就是采取这样的方法给客户留下了好印象。

4. 多谈平常事

很多时候，让一些销售员奇怪的是，为什么自己在脑子里苦苦地搜索，找了一些怪诞的奇闻、惊心动魄的事件来与客户交流，但客户却并不是很感兴趣呢？是的，每个人都爱听奇闻轶事，但却更加愿意和朋友们谈一些有关日常生活的普通话题。

在交谈中，你可以问及客户的职业、家人及宠物，只要客户认为你是有诚意的，他必然乐于与你交谈。而聊家常事更容易拉近你与客户间的距离。

5. 说话要大方

客户是上帝，但客户与你在人格上是平等的。我们要不卑不亢地和客户交谈，你要记住，你的目的是达成销售。因此，在说话时注视着对方的眼睛，大大方方，才能表现出你的内在风采。如果你在与客户交谈时不能平视对方的眼睛，视线太低，不免被人轻视；视线太高，又显得过于傲慢。

总之，在与不同的客户谈话时，你都应当认真地选用让双方都舒服的说话方式进行表达。另外，“投其所好”能够激起对方与你交谈的意愿。善于交际、能言善道的人，往往在与对方接触的前 30 秒，就能找到双方都感兴趣的话题，引发彼此交谈的兴致，尽快与对方建立起友好的关系，从而能够顺利交易。

说服对方，决不可一直喋喋不休

那些不知道什么时候该停止讲话的人往往会把人逼疯了！如果你想成为一位高效的销售人员，你必须知道何时停止劝说。不论是在销售还是商务谈判中，说服者常常因为不知道什么时候闭上嘴，而把事情搞得一团糟。

苏格兰著名辩护律师弗朗西斯·威尔曼曾说过这样一句话：“当你发现石油的时候，要马上停止钻探；许多人因为钻探得过深过透，石油由地底冲天而出！”

与很多事情一样，说服成功的关键也在于一个度的问题。有时候，你想说服对方，如想让买方购买自己的东西，卖方的确必须制造一种紧迫感，以使买方尽快采取购买行动。但是，如果你不懂得把握分寸，总是一个劲地催促，不知道适时停止，不能观察到对方的细微反应，那么很可能因为催促力度过大，对方会本能地退缩回去。

由此可见，你必须在开口之前仔细思考你要说的话会产生什么影响。在每句话说出之后留心观察对方的细微反应，说话的时候注意适当的停顿，给双方都留出思考和消化的时间。很多人忽视审查对方的想法，只管按照自己的意愿侃侃而谈，口舌费了不少，却收不到任何效果。

在一本书中看到过这样一个故事：

玛丽是某咨询公司职员，负责业务开发工作。她最大的优点就是做事有恒心有毅力，因此她的业绩一直很好。

有一次，她接待了一个印度公司转介到中国公司的客户，印度公司在转介的时候，特别向玛丽强调这个客户是一个虔诚的佛教徒，但玛丽却不以为意。在洽谈的过程中，双方因合同中的付款方式存在微小异议，而暂时中断洽谈。

事后，急于求成的玛丽不断寻找各种机会说服对方同意公司的付款方式，她不仅通过电话、邮件等方式，甚至在印度客户去寺庙祈福的时候，仍然站在客户旁边不停地解释公司为什么有这样的付款要求，希望客户能够签约。没想到，客户从寺庙出来后，不仅对玛丽非常生气，指责她破坏了寺庙神圣的氛围，还以玛丽不尊重他人信仰为由，立即终止了谈判，这笔业务就这样以失败告终。

※ 案例解析

坚持是一把双刃剑，说服中不能缺少坚持，然而把握不好坚持的尺度反而会起到相反的作用。玛丽怎么也没想到，自己的坚韧竟然成了导致失败的最大因素。

成功的销售人员善于拿捏说服的分寸，尊重客户的智慧；而糟糕的销售人员大多存在过度劝说的问题，他们低估了客户的认知能力。

※ 聊天要点

那么，如何把握好说服的尺度呢？

1. 学会察言观色，认识必须停止说服的信号

心理学研究表明，人的内心活动通常有 70% 会直接表现在面部表情和肢体语言上。如果你观察到对方做出以下行为时，你就应当到此为止：

（1）双腿交叉并且晃动不停；

（2）频繁摇头或擦眼镜；

（3）咬嘴唇或用于指摸嘴唇。

当人们做出这样的行为，说明已经产生厌倦或抵触的情绪，如果继续劝说，只会给对方造成反感。

2. 做到张弛有度

橡皮筋绷太紧就会断。同样道理，如果一直给对方施压，对方很可能在短时间内承受不了从而产生逆反心理，这对说服的推进是相当不利的。因此，在说服过程中一定要根据对方的反应，随时调整说服的进度和强度，不能松懈，也不能一味地猛攻。

3. 说服尺度因人而异

有些人喜欢听别人的指点和批评，那么说服者应该耐下性子逐步加深说服的程度；相反，有些人比较有主见，说服者只要做到点到为止即可，不必做过多过深的解释。换言之，说服到什么程度取决于说服对象。

把握好说服的尺度，不仅体现在根据他人的反应做出说服调整上，还体现在主动制造停歇上。

我们经常可以看到，当交涉陷入困境时，头脑灵活的人往往会趁机说一句“今天暂且到这里，我们下次再继续”，让双方都能获得喘息的机会。试想一下，如果双方都互不相让，固执己见，那么结果只能是无休止地争论下去，浪费了时间，却毫无效果。为此，不妨主动提出停止交涉，让双方的头脑都获得“冷却”时间，也许大家冷静下来之后，事情就能获得转机了。

永远都要记住：说服不能靠强迫。有时，三两分钟的休息、一个“跑题”的小插曲、一个暂缓的提议、一次“请再考虑考虑”的提醒，也能起到事半功倍的说服效果。但请注意，停下说服的脚步并不意味着无限期地拖延，这只是暂时的休息，说服者时时刻刻都要把握好“适度”这把良尺。

多套套近乎，与谁都是自己人

“套近乎效应”在谈资中运用得非常广泛，也很有效。通过套近乎，把对方跟自己归为同一类，在无形中就拉近了彼此的距离。让对方对自己产生亲切感和信任感，这么一来，凡事都好说话。

在跟人打交道时，如果你能通过各种手段让对方把你当作“自己人”，必然会降低对方的防备心理，从对方身上获得好处。

我朋友林苗苗是一家服装店的销售人员，人好嘴甜，是一个业绩非常优秀的员工。很多人都认为她长得漂亮就是优势，所以卖衣服很顺利。

每次听到这些，林苗苗只是淡淡一笑，不作回应。

后来，朋友也问苗苗，她才道出了其中的奥秘。

“很多人在买衣服时，都会把销售人员当成讨价还价的‘敌人’，跟你狠狠讨价。如果你能跟他们成为统一战线的人，那么机会就来了。”

苗苗说，之前她接待过一个跟她年龄相仿的女客户，说话非常刻薄，很多人都不愿意接待她。

“你们店里的衣服怎么这么贵啊？孩子的衣服而已。”女人很不友好。

“现在孩子的衣服就是比较贵，我女儿跟你家孩子差不多，上个月我也给她买了这件。”苗苗这么一说，女人没再反驳。

“我女儿说这个牌子的衣服比较舒服，每次上体育课总穿这件。为了她好，我总给她买这个牌子的衣服。”

女人一听苗苗感同身受的话，立刻就降低了心理防备，开始跟苗苗说心里话：“谁说不是啊，现在的孩子对衣服很挑剔，一定要买舒服的。”

“对，我也这么认为，我给女儿买了之后她可高兴了，看到她高兴我也开心。”

就这样苗苗跟女人成为“自己人”，苗苗又介绍了一些衣服的好处之后，女人二话没说就买了。

※ 案例解析

你把顾客当成自己人，他们就会信任你，做起销售工作就无往不胜了。林苗苗把“自己人效应”运用自如，工作自然也就越做越顺利。

事实上“套套近乎”是“自己人效应”的重要体现，它指的是把自己跟对方归结为一类人，变成“同体观”的人。

在跟别人交往时，往往关系越亲密，自己的观念、立场就越容易被对方接受。如果让对方感觉你是自己人，就算是请对方帮忙，对方也会很乐意。

这种说法不难理解，就好比我们都愿意跟喜欢的人交往，就算他有缺点也能适当包容；而反过来如果对方是你心里非常排斥、感觉陌生的人，你在无意识中就树起了防备意识，根本不愿意跟他有过多往来，更别提相互帮助了。

“自己人效应”独有的特征，是在某种特定环境中产生的。它具有可亲近性、平等性、相似性和互补性等特征。在空间环境中接触的次数多，彼此熟悉，就容易互生好感；性格相似、爱好相同也可以拉近彼此的距离；双方的需求、期望有关联，也是“自己人”的特征。

这种效应在生活中的运用也非常广泛。在交际中，很多人不知不觉都会用到。这样既迅速拉近了彼此的关系，得到他人的信任，又获得了自己想要的利益。特别是有求于人时，套近乎可以说是必要的方法，找到共同体，才能打破别人的心理防线，才能有事好商量。

套近乎的作用很强大，如果懂得合理运用，“敌人”也能变成“朋友”。如果你能发挥自己的实力，巧妙地运用“自己人效应”，肯定会打动人心，成为别人心目中的“自己人”。

看到这里，相信很多人都特别想知道，具体要如何做才能套好近乎？如何才能成为别人眼里的“自己人”？

我妹妹陈芳是个刚毕业的学生，一毕业就在某家设计公司当了业务代表，她第一次去会见客户时非常紧张，自己一点经验也没有，怎么能完成任务呢？

在交谈过程中，她非常紧张，显然客户对她很不满意，一直在看手表，随时都有离开的意思。

后来，客户随口说了一句女儿的早恋问题，表示很头疼。陈芳忽然灵机一动，知道要跟对方说什么了。

“您的问题我也深感理解，我妹妹现在上高中，也开始早恋了。我妈妈知道了非常头疼，都动手打她了还是没用，两个人的关系可紧张了。”陈芳说得跟真的一样，其实她没有妹妹，只是想对客户的情绪表示理解和肯定，是跟对方在套近乎。

事实证明，陈芳的做法是对的，客户没想到陈芳这么理解她，就开始大吐苦水，说了很多女儿的问题，两个人越说越投机，最后陈芳赢得了客户的信赖，成功完成了任务。

客户离开时，还跟陈芳保证，大家都是“自己人”，如果再有业务，一定会优先找她。

※ 案例解析

陈芳通过诉说自己相同的“经历”，表达了对客户心情的理解和认同，一下子拉近了彼此的心理距离，慢慢地，对方就把她当作了“自己人”。

当然，要想让套近乎的话变得有感染力也不是件简单的事。你要从心里对别人的话感兴趣，只有感兴趣，别人才会感到真诚，对你的好感才会油然而生。总之，在人际交往中，想要别人信赖你，把你当作自己人，就必须表现出真诚，否则就很难获得真正的效果。

学会与人套近乎会让别人对你的态度更友好，会对你的话更加信赖。同样的一个道理，也许被别人讲出来对方会生气，但被“自己人”说出来更让人感觉容易接受。这就是典型的“自己人效应”。

所以，在人际交往中，不仅要有聪明智慧，还要善于套近乎，发挥“自己人效应”，成为有影响力和受欢迎的人。

※ 聊天要点

1. 套近乎先要找到共同点

在日常生活中，我们不难发现，大家很容易把那些跟自己有共同点的人当作自己人。所以，在跟人交际时，首先要善于寻找彼此的共同点，让彼此有共同话题，这样才会为进一步的发展奠定良好的基础。

2. 套近乎要敢于交流

只要勇于交流，肯定会找到对方跟自己的相似之处，人生观、价值观、个人喜好、处世态度等总有相似之处。在交流中要深刻强调共同之处，要多用“我们”，如此，对方才更容易被打动。

3. 多创造见面的机会

当然，相似之处通常不是一次见面就能够发现的，可以多创造见面机会，这样才能更好地发现。

4. 理解对方，产生共鸣

除了多寻找共同点，最主要的是要懂得肯定对方、理解对方，从而建立起情感上的共鸣。

寻找共同点，拉近彼此间的距离

在聊天中，人们往往存在着这样一种心理，即人们更乐于接近与自己有相同之处的人。寻找并利用与对方的共同之处是拉近彼此距离的捷径，也是最有效的方式。因为这些共同之处使我们与对方有了共同话题、共同语言，因此他就会更信赖你，更愿意亲近你。

共同之处可以帮你更容易了解对方，比别人更亲近对方。因为共同之处，对方很可能会和你成为无话不谈的朋友。这样你就会和对方有更深的交流和沟通，你们之间的距离也就会因共同之处而慢慢拉近。

在一篇报道中读到过这样一个故事：

杨莉是一个建筑公司的老板。最近，杨莉的公司打算参加市里的一个工程项目招标会。

通过关系，杨莉打听到负责这个项目的是市里的王局长。于是，她一次次地去办公室找王局长，然而每一次都吃了闭门羹。她很不甘心。

杨莉是信佛的，有一次去寺里上香，正好看到王局长也去寺里拜佛，并且和寺里的师父关系很熟，才知道王局长也是佛家弟子。

一次，杨莉得知刘老板把王局长请出来了，正在赶往锦江饭店的路上，便带着助理以最快的速度赶去了锦江饭店。

在饭店的大堂，杨莉佯装也是来吃饭的，制造了与王局长还有刘老板的偶遇。杨莉谎称没有订到位子，希望能与王局长及刘老板共进午餐，他们没有拒绝杨莉的请求。

在餐桌上，刘老板点了很多的荤菜，王局长迟迟没有动筷子。这时杨莉就开始说："刘老板真是盛情，可是王局长和我都是信佛的，初一、十五是要吃斋的。今天是十五，真是不能破戒呀。"

王局长当时很惊喜，忙问："杨老板也是信佛的？真是缘分呀。"

杨莉很聪明地把手腕上的佛珠露出来，接着说："家母是信佛的，受她的影响，我也是佛门弟子。"

但是，菜已经上了，饭店不允许无故退菜。杨莉机灵地说："王局长，我知道有一家素食斋不错，我在那订了位子还没取消，要不跟我一起去吧。"

信佛的人通常都很喜欢去素食斋这样的地方吃饭。王局长当然也很乐意前往，便欣然答应了。

最后，杨莉和王局长在素食斋因为共同之处谈得很投机，关系也拉近了许多，以后杨莉的邀请，王局长都没有拒绝过。最终杨莉的公司在工程竞标中夺了标。

※ 案例解析

因为杨莉发现了自己与王局长的共同之处，并加以利用，得到了王局长的信赖，从而达到了自己的目的。

在与人交往的时候，也许你礼也到了、情也到了，但就是达不到你想要的目的。而且，比你礼重情谊深的竞争对手还有很多。

事实上，当你使用了"寻找共同之处"的交往技巧之后，你就会很容易与对方拉近距离，得到对方的信赖，这种技巧会使你在交往中得到意想不到的效果。

对方一旦看到你与他的共同之处，就会很愿意跟你交流相处，给你与他交往的机会，你可能会在很短的时间内就能成为他的朋友。

因为共同之处，你们在交流中会产生感情上的共鸣，这种共鸣是很深入人心的。那么你们之间这种朋友的关系就会更近一步，甚至他会把你视为知己。知己之间，如果有事相求，他必然会放在心上，尽心尽力地帮助你。

或许，你不曾与对方有共同之处，所谓的共同之处是你制造出来的，这样看起来有着欺骗的性质在里面，其实不然。当对方把你看成“自己人”的时候，为了这份情感，你应该培养自己与他真正的共同之处。这样才不会枉费别人对你的信任和亲近。

有一次和一个做销售楼盘的朋友聊天，听她说过这样一个故事：

宁欣是一位售楼小姐，偶然的机会她结识了一位潜在的客户，这位客户对小型别墅很感兴趣。宁欣意识到这位客户很有钱，而且品位极高。虽然宁欣极力地向客户推荐，又留了名片给他，可是这位客户一直没有回复。

经过多方打听，宁欣得知这个客户酷爱网球。宁欣就了解了一些网球的知识，并报了网球速成班。当宁欣学得差不多的时候，给那位客户打电话告诉他“无意间发现一家环境特别好的网球场”，还透露自己的网球打得不错。

当时，并没有什么效果。后来的一个周末，客户打来电话约宁欣去打网球。因为他的球友出国了，就想起了宁欣。最终在一段时间的打网球交往中，客户主动跟宁欣签下了购买合同。

※ 案例解析

让对方意识到你与其的共同点是自然的、是巧合的，最好不要牵强。你们之间就共同点之间的探讨是有价值的、有深度的。让对方看到你深厚的内涵与底蕴。在你们的共同之处上，让你独特的魅力和风格深深地吸引他。

找到你与对方的共同之处是交往中首先要做到的，你可以通过向对方周围的人打听对方的兴趣爱好，提前研究对方的喜好。

如果自己与对方有共同之处更好，如果没有就需要培养。等待机会，然后通过共同之处取得客户的信任与好感。

※ 聊天要点

1. 多留心对方的习惯

你可以多留心对方生活和工作中的一些习惯，注意聆听对方的语言，或者分析对方的性格特点，从中寻找你与他的共同之处。

2. 全方位的精细观察

你可以通过观察对方的打扮、表情、行为举止，来判断他的生活状态、精神层面、兴趣喜好。你也可以跟他探讨一些问题，比如探讨他的品位、他的人生。从精细的观察、探讨中，你就会寻找到你们的共同之处。

3. 多聊日常生活

除了探讨品位或人生之类的话题，也可以聊一些日常生活的知识，在这方面可能更容易找到共同之处。你还可以和对方一起参加活动、户外远足，这样通过聊天、相互的接触也能找到共同点。

共同之处，可以让你与对方拉近距离。虽不保证你的目的会真正地达成，但一定会增加许多成功的机会。

Part 9

用言语温暖对方内心，你就是传说中的人人爱

婚姻不是照镜子，不是你我对看，而是向一个方向看齐。婚姻的幸福度在于夫妻之间的联结度。夫妻之间联结得越紧密，就越容易感受到幸福。怎样加强夫妻之间的联结？就是多聊天、多沟通、正确处理生活中的每一个小细节，这些都可以加强这种联结。

用温柔的语言俘获对方的心

女人一定要温柔，因为温柔才是王道。温柔似水，才能以柔克刚。如果你认为自己没有聪明的头脑、广博的才学，没有美丽的容貌、魔鬼的身材，不要独自悲伤，因为至少你还拥有女人特有的温柔。当你用温柔的语调与他交流、用温顺的眼神向他微笑，我想世界上任何一个男人都不能抵抗温柔带来的力量。这种柔情能够渗透到男人的每一根血管，让他倍感舒适、倍感温暖。

每个女人都希望把老公的心牢牢地抓在自己的手里，然而想做到这一点，光靠蛮力是不行的，这是对女人情商的一种考验。要知道，男人一般是不“谈心”的，想要让男人对你没有任何秘密可言，其困难程度不亚于让一个女人心甘情愿地宽衣解带。俗话说得好：“女人需要男人疼，男人需要女人的理解！”作为女人要想真正了解自己的男人，首先就要学会温柔。

婚姻中的沟通是要讲求策略的，爱情也有三十六计，温柔的语调就是其中一计，不管你在经历怎样的情感生活，温柔永远都是女人的武器。在这个充满悬念的婚姻战场上，想占上风也不是那么容易的。所以还是让我给他放一个温柔的炮弹，把这个属于自己的男人炸得晕头转向，让他彻彻底底拜倒在你的石榴裙下。只有这样你脚下的这双婚姻鞋，才会合你的尺寸，穿起来才会更舒服。

看到过一篇报道：

王慧和李飞结婚不到半年，却天天为了周末在哪度过而吵架。“凭什么啊，凭什么又要到你家去吃饭啊，各吃各的有什么不可以的？”王慧一脸委屈地向老公发问。“就因为咱俩老不回家吃饭，我妈刚才在电话里把我骂了个半死。

不过说句实话，我妈也不是傻瓜，咱俩老这么躲着她，她一定会看出来的。”李飞对王慧哀求道。“看出来也没啥！”王慧开始犯起小嘀咕来。“我们老到你家那边吃饭，我家那边肯定会有意见的，上周不是刚刚去过你家了吗？一个多星期没见，我妈肯定想我了。好老婆，今晚就到我家去吃饭吧，咱们明天再去陪你爸妈行吗？我今天晚上要是不回家吃饭，我就死定了。”李飞苦苦地哀求着。“不行！要回你自己回吧！我得回去陪我妈！说真的，我一见你妈就犯怵，那么多要求我可受不了，真让人害怕。”“怕什么啊，有我呢，她又不会吃了你，最多训你几句而已。你就应该多向我学习学习，脸皮厚一些就没事了，我妈怎么骂，我一耳朵听一耳朵出，要不然早被气死了。”李飞用恳切的目光央求着王慧。

“哎呀，算了，听你的，回家吧，臭老公，怎么这么烦人啊。”见老公如此为难，王慧实在是不忍心了，用娇滴滴的声音温柔地答应了。“啊，老婆大人，你实在是太好了，太通情达理了，爱死你了，明天就是再忙我也一定跟你一块儿回你家吃饭。”李飞激动地称赞着自己的老婆。“你才知道我好啊？娶了我你就是中大奖了，那是你几辈子修来的福气。”“那是当然了，你是我这辈子最大的幸福。”“不行，你今天欺负我了，作为偿还，你必须亲亲我、抱抱我才行呢！”话说到这里，王慧开始跟老公撒起娇来，这招用在李飞身上的确很受用，他赶快把小娇妻抱在怀里，亲吻着她的脸颊，抚摸着她的头发。

第二天一大早，王慧和李飞两口子就去了娘家，李飞因为妻子温柔贤惠识大体，买了很多礼物给老丈人，结果可以说是皆大欢喜。后来李飞也常常在外人前夸奖自己的老婆善解人意，自己能找到这样温柔的老婆真是太幸福了。

※ 案例解析

女人特有的武器就是温柔，哪个男人不害怕这样的“武器”呢？但也有很多女人忘记了温柔，她们虽然每天把家里的任务做得面面俱到，但却因为坏脾气，来吆喝孩子和指责老公，这样的女人就不温柔。于是老公的心转移了，她又会拿自己的付出来说事，到头来却落得这个下场。然而自己没有意识到，这样的结果完全是由自己造成的。身为女人，不单单要勤俭持家，还要学会和丈夫互相取悦，保姆、管家婆不是男人真正需要的，男人需要的是一个温柔、善解人意的老婆。

有时候，婚姻就是这样的，用温柔去赢得男人的心吧！只要你真的用心去做了，就一定能得到回报。当你用温柔把男人的“面子”“里子”都给足的时候，他也就乖乖成了你感情的俘虏，沉醉地靠在你身边，久久不愿离去。

※ 聊天要点

1. 婚姻是杯水，你给它加点糖

有的时候婚姻就如一杯白开水，你放糖进去它就是甜的，你放醋进去它就是酸的，你放苦丁进去它就是苦的。得到幸福有时候并不是那么困难的一件事情，关键就在于你怎么去经营自己的婚姻，调解你与老公之间的关系。

2. 野蛮解决不了问题

出现矛盾也好、有了冲突也罢，只要你善于运用自己的温柔，就没有什么问题会成为真正的问题。夫妻是婚姻的主角，世界上很少有一个男人喜欢和一个讲话粗野、行为泼辣的女人长久地生活在一起。

3. 温柔比美貌更能俘获人心

尽管抱得美人归是每个男人心中的梦想，然而并不是所有人都能如愿。作为一个女人，你可以没有倾国倾城的容貌，但你绝对不能失去面对男人时的体贴入微。有的时候，温柔的语调就是一根无形的绳索，它可以帮助女人牢牢地拴住男人的心。

4. 哭闹只会毁掉你的幸福

男人最讨厌的就是一哭、二闹、三上吊的老把戏，真正的好女人，更懂得如何经营自己的爱情，让我们用温声细语代替河东狮吼，用温柔的安慰代替满肚的埋怨。当你把最为美妙的声音、细致的言语给予老公的时候，自己也收获了温暖和幸福。

谎言，有时是爱情最好的调味剂

有人说爱情是容不得半点欺骗的，两个人要彼此真诚、彼此信赖。然而现实有时候总是让我们感觉到它的残酷，直白的谈话方式往往让我们无法接受。有人曾经说过这样一句话：“撇开道德，谎言是一种智慧。”之所以谎言被人们给予如此高的评价，是因为实话有时更伤人心，更不利于彼此的相处。生活中，经常能碰到一些善意而美丽的谎言，这些谎言构成了人生的另一种风景。它们丰富了人们生活的情趣，使你与他的婚姻生活更为和谐，更为愉快和美满。

从很小的时候父母就教育我们说：“要做一个诚实的好孩子。”岁数越来越大，时光流逝，我们已经由妈妈的孩子，成为孩子的妈妈，但这句话却深深印在了很多女人的心里。在大多数人看来，婚姻应该是没有谎言的，两个人要想长长久久在一起，首先就要做到彼此真诚。这话虽说不假，但有时候真诚的谎言也是很有必要的。它往往比实话来得更贴心，给人一种安定而温暖的感觉。你也许渴望拥有一段没有欺骗的婚姻，却不知道真实的谎言有时也是对自己的一种慰藉。

读过一篇文章：

李梅和王海是经人介绍走到一起的，第一次见面的时候，他们相约在一家咖啡馆见面。两个人都很紧张，不知道说些什么，东拉西扯还是感觉没有什么共同语言，让李梅觉得坐在她眼前的这个男人一点特点都没有，看着王海通红的脸，李梅准备找个说辞离开。正当她想着如何开口时，王海却叫来了服务员说：“您好，不好意思，能不能往我的咖啡里加点盐？”这句话引起李梅的好奇，她心想自己也不是第一回喝咖啡，从来没听说过往咖啡里加盐的。

于是李梅微笑着问王海：“你怎么爱喝加盐的咖啡啊？”“哦，我的家在南方沿海城市，小时候总是在海边玩耍，现在离开家已经很久了，却很迷恋家乡海水咸咸的味道。所以每次喝咖啡的时候我都有意往杯子里放点盐，聊以自慰，以解思乡之苦。”听了王海的一番话，李梅也想起了自己的家乡，自己已经在这个大都市奋斗了五年的光景，却很少回家。她忽然觉得这个男人是可以依靠的，他们都是恋家的人。于是两个人终于找到了闲聊的头绪，他们从自己的故乡谈起，又说到了自己现在的事业和理想，之后又聊到了彼此对人生的态度，时间随着咖啡店里复古的钟表滴滴答答地流逝，两个人聊得越来越投机，久久不愿散去。

就这样，王海和李梅经过一段时间的了解，正式确立了恋爱关系。李梅发现自己和王海竟然有这么多的共同点，很庆幸自己当初没有草率离去，不然可能会错过了这段美好的姻缘。他们仍然经常去那家咖啡馆聊天，每次喝咖啡的时候李梅都会主动要求服务员往王海的咖啡里放一点盐。

就这样他们终于步入了婚姻的殿堂，彼此相爱，生活也过得舒服惬意。李梅经常主动给王海煮咖啡，然后细心地撒上一点盐。直到有一天王海不幸得了不治之症，在他即将离去的时候给李梅写了一封信，其中有一段是这样写的：

我可爱的妻子，还有一件事情我必须向你道歉，那就是我并不喜欢喝加了盐的咖啡。第一次见你时我就被你的文静深深吸引，却不知道该怎样和你交流。眼看你有了去意，我开始着急了，所以就紧张地让服务员给我的咖啡里放点盐。本来是想缓和一下气氛，可没想到我的这个举动，却帮助我们打开了话匣子。我曾经想过把事实的真相告诉你，可又怕你会生气，所以这种咖啡里加盐的生活就这样继续下去了。但是，我觉得我是这个天底下最幸福的男人。现在我要先走了，真的没有跟你过够啊！如果有来世，我还愿意跟你做夫妻，只不过，你一定要记得千万不要再往我的咖啡里加盐了。最后深深地向你道个歉，千万不要因为我欺骗了你而生气啊……

看了王海的信，李梅感动得泪流满面，想不到这个男人竟这样骗了自己一辈子，将加盐的咖啡喝了一辈子，为了这个不经意的谎言坚持了一辈子，可见他对自己的爱是多么深。尽管受了骗，李梅还是觉得很幸福，她自言自语道：“来世我们还做夫妻……”

※ 案例解析

一个真诚的谎言，带给了李梅一辈子的幸福。尽管这个男人骗了她一辈子，却仍然让她倍感幸福。这就是爱的谎言带给人与众不同的力量。它虽然不是真实的，却让人听起来暖暖的。它让对方甘心情愿地被欺骗下去，并将这种欺骗看成是一段美丽的回忆，沉迷其中，久久难以忘怀。

如果说两个人相遇，爱了是一种偶然，那么走到一起，相互温暖就成为一种必然。谎言也许会让我们认为那是一种对彼此不忠诚的表现，却忘记了那些真诚谎言带来的甜蜜。这种甜蜜可以转化成一种眷恋。当两颗心因为一句温馨的谎言碰撞出了爱情的火花，当一句暖暖的谎言在瞬间赶走了冬夜里的严寒，谁也抗拒不了那种发自内心的幸福感。这种“欺骗”的力量，总是让我们爱得更炽烈，尽管那些话不是真实的，但对于真正感受到这种“被骗”滋味的人来说，一切都是温暖的、幸福的，一切真不真实都已经不重要了。

※ 聊天要点

1. 诚实不分场合，也会伤人伤己

也许大家都认为，说谎是不良行为，但相处中，偶尔还是需要一些善良的谎言的。诚实不分场合，就会伤人伤己。不以利己为目的的谎言就是善意的，在适当的时候说出的谎言，饱含真诚和温暖，能让说谎者与被“骗”者共享欢愉。

2. 谎言，有时是一种宽慰

如今这个时代，现实真的是越来越残酷。当我们疲惫不堪的时候，真的希望能有一个人好好宽慰自己一番，哪怕他说的都是一些不可能实现的事情，却能带给自己一份满足。

3. 真诚的谎言也会很有魅力

一些时候，真诚的谎言就是这么有魅力，它总是有着这么一股莫名的力量，即使让人知道自己受了欺骗仍然能够倍感幸福、倍感喜悦，甚至流下感动的泪水。

莫让唠叨成为感情裂痕的导火索

“一位男士的婚姻是不是幸福，我们可以从他们妻子的脾气性格中得出结论。”

桃乐丝·狄克斯说：“一个女人可能拥有全天下所有的美德，但是如果她脾气暴躁，整天喋喋不休，还没完没了地挑剔，那么她所有的美德都将归于零。”

“很多男士在婚后失去了勇往直前的动力，并且放弃了奋斗。”桃乐丝继续说道，“这与他们的妻子有着密切的关系。妻子们总是肆意打击丈夫的每一个想法，对男人的希望和心愿泼冷水，她们不停地唠叨。总是在长吁短叹，她们弄不明白，为什么自己的丈夫不像别人那样会赚钱？为什么她嫁的人写不出一本畅销书，或是像别人那样能谋求一个好的官位？有这样的太太，丈夫怎么能不垂头丧气呢？”

的确，给家庭带来不幸远比奢侈浪费要严重的是妻子可怕的唠叨。很多专家已经在这方面做了研究。

心理学博士莱维士·M·特曼对1500对夫妇进行过详细的调查。调查结果显示：妻子的唠叨、挑剔是丈夫最不能容忍的缺点。盖洛普民意测验机构也得出了相同的结论：男人们都把唠叨、挑剔列为女性缺点的第一位。还有詹森性情分析机构，这是另外一个著名的科研机构，它也指出没有其他缺点像唠叨和挑剔那样能够给家庭生活带来这么大的伤害。

然而，太太们唠叨的历史似乎太久远了。在原始的穴居时代，那时候的婚姻还未像现在这般有保证的时候，太太们就想尽办法企图用唠叨和挑剔影响丈夫。

据说除了自己的妻子，希腊大哲学家可以和任何人辩论，他害怕妻子唠叨的程度已经到了他要躲在雅典的树下静心思考的程度。像法国的拿破仑三世以及美国的林肯总统这样杰出的大人物，都曾受尽了妻子的唠叨之苦。甚至奥古斯特·凯撒之所以和他的第二任妻子离婚，也是因为他受不了这位妻子的唠叨。

女人们总是期望用唠叨改变自己的丈夫，但是却从来没有收到理想的效果，她们唠叨得不遗余力，但这只是徒劳，除非太阳打西边出来。

在国外的杂志中看到过一篇故事：

爱德华就因为太太总是轻视以及嘲笑他所做过的事情而深受其害，他的事业被太太批评得一塌糊涂。刚开始的时候，爱德华从事的是推销的工作，他自己也对这份工作充满了兴趣，每天都很有兴致地向别人推销自己的产品。当他工作完一整天回到家时，他骄傲地和妻子说起这一天的工作，期望得到妻子的几句鼓励。但是看看他的太太都说了些什么吧！

“我们的大天才，你终于回来了，今天的生意还不错吧？你赚到的佣金够我们买食物吧？”又或者是“你只带回了你们经理的一顿训话？我想你一定记得，下个星期我们该交房租了吧！”

这种事情持续发生了好几年。又过了几年，爱德华已经在一家知名公司担任总裁的职务了，至于嘲笑他的那位太太，现在肯定是无比后悔，因为爱德华早就和那位没有礼貌的太太离婚了，然后又有幸娶到一个充满爱心而且十分支持自己的女士，而这正弥补了爱德华在第一段婚姻中的遗憾。现在他们的生活非常美满。

※ 案例解析

其实，爱德华的第一任太太在他们离婚时都没弄明白他丈夫为什么提出离婚。“自从结婚后，我一直省吃俭用，我吃了那么多的苦。”这位太太对其他人说，“结果，当他不需要我为这个家当牛做马的时候就一脚把我踢开，去找更年轻的女人，这个男人太令我伤心了！”

如果告诉她，不是因为其他女人导致他们的婚姻破裂，而是她自己，这位夫人肯定不会相信，她会认为你说的都是鬼话。事实上就是如此，是她的挑剔和唠叨让她的先生离她而去。如果一个女人总是用一种接近于轻蔑的方式挑剔自己的丈夫，这肯定会极大地损伤男士的自尊心，并且摧毁他们自认为有能力开拓一番事业的自信心。

我的小兄弟王华是一个二十多岁的年轻人，很早就结了婚。那时他在激烈的竞争中得到一个工作机会，想要在广告界闯出一番天地。他急切地想与年轻的妻子分享自己的梦想。他的妻子是一个积极而充满野心的女人，对丈夫一些谨慎的做法时常表示不满或者不耐烦。

王华曾和我诉说过他的痛苦，在妻子不断的打击和嘲笑下，自信心所剩无几，他的梦想也已经快放弃了。我也曾开导过他，但效果甚微，他妻子日复一日的唠叨让王华无心工作，最终也丢了那份来之不易的工作机会。后来他们离婚了。离婚之后，他反而逐渐找回一些自信，就像生病痊愈的人重新焕发活力一样，他感觉自己的生活又有了新的篇章。

※ 案例解析

唠叨的可怕之处在于将你的丈夫和别的男人进行比较。“为什么只有你这么笨？人家比尔·史密斯已经连升了两级，而你只升了一级。你的薪水或许连他的零头都不够！”“我的哥哥真是能干，我嫂子太幸福了，她又买了一件毛皮大衣。”“早知道当初我就嫁给赫伯特了，那样一定会过得比现在好。”有哪一位丈夫会受得了妻子这样的冷嘲热讽？

女人的抱怨、诉苦、攀比、轻视、嘲笑以及喋喋不休等，都是唠叨的表现。这些女士要么是精于其中一项，要么是各项的全能。唠叨就像是一种顶级的麻醉药，无法改掉，它是在习惯中养成的。一个二十几岁的刚结婚的女孩子如果每天唠叨不知什么时候才能住进像邻居家那样豪华的房子，那么等再过 20 年，到她 40 岁的时候，她一定会变成一个无药可救的对任何事情都难以满足的抱怨专家。

世上没有不争吵的夫妻，因为意见不一致而带来的争执一般并不会导致婚姻破裂。但是每一件事情都有一个度，如果一个男士每天回到家都要领教妻子的一顿唠叨，而且这种唠叨是毫无休止的、不留情面的，那么不管这个男士在事业上取得多么大的成就，最终将从事业的顶峰跌下来。因为唠叨会摧毁一切进取心。

弗吉尼亚大学的沙姆·W·斯蒂文教授在一次演讲中说道：“当代美国丈夫们应该享受四种新自由——免于被唠叨挑剔的自由、免于被支使的自由、免于消化不良的自由以及结束一天繁忙的工作后换上旧衣服放松的自由。”

为什么妻子们总是喜欢找丈夫的碴儿呢？原因有很多，一个不容忽视的原因就是身体状况欠佳。有这种情况的太太们最好去咨询一下心理医生，这样既可以保证你的身体健康，又可以使丈夫免于遭受唠叨以及挑剔。就像定期检查汽车使之保持良好的驾驶性能那样。

法律有时候也会把唠叨作为减轻刑罚的一种依据。在瑞典的法律中，就有这样一条：如果律师们能证明自己的当事人是在唠叨的状态下进行犯罪行为的，那么这件案子极有可能被判定为过失案件而不是谋杀。另外，在佐治亚州最高法院的一件案子中，丈夫为了躲避妻子的唠叨而把自己关在了客房里将是无罪的。法庭对此的解释是：所罗门王说过：“住到阁楼上的角落里，总好过在大厅里受女人的闲气。”

在纽约曾发生过这样一件杀人案：一个五十多岁的卡车技工雇用了三名流氓将自己的妻子杀害了。究竟是什么原因让丈夫对自己的妻子下如此毒手？原来是因为他的妻子总是在不停地唠叨和抱怨他。

※ 案例解析

看了这么多事例后，你是否也感到一阵后怕。你的唠叨不仅会阻碍丈夫的成功，还会危害到你们的婚姻生活，更有可能会危及你的生命安全。如果你不太确定自己是否有这方面的毛病，你应该去询问一下你的丈夫。如果他说你是一个爱唠叨的女士时，请不要震惊，更不要发怒，只有你正确认识到自己的问题的时候才能改进。

※ 聊天要点

如果你已经发现自己变得有些唠叨了，而且已经逐渐体会到它给生活带来了一定的麻烦，此时的你应该诚心诚意地想要改正它，那么下面这几个建议将对你十分有用：

1. 请周围的人监督你

如果你没有很好的自制力，那么你可以请你的丈夫和家人帮助你，你们可以制定一些奖罚规定。当你即将爆发时、当你又在喋喋不休时，请他们马上指出来并对你进行惩罚。

2. 任何话只需说一遍就足够

假如你已经六七次地提醒你的丈夫去洗碗，他仍然毫无反应，那就说明他不想去洗碗，你又何必再说一次呢？唠叨只会让丈夫下定决心不去洗碗。

3. 用温和的方式达到自己的目的

我的祖母经常会说这样一些话："想要得到更多，用甜的东西比腐烂的变质的东西更为有效。"现在我仍觉得这句话不仅幽默而且智慧无比。虽然我不想将丈夫们比喻成苍蝇，但是有时甜的东西的确十分有用。

"亲爱的，如果你今天将我们的草坪修理一下，晚上你将会吃到美味的苹果派。"

"亲爱的，你猜今天史密斯太太说了什么？她说真羡慕我有一个这么能干的丈夫，把草坪修理得这么漂亮。"

这种甜蜜温柔的话语保准胜过一切无休止的唠叨，而且让你轻松达到目的。

4. 培养你的幽默感

如果你常常因为一些琐屑的小事而发火，那么你的精神早晚会崩溃。有的丈夫去浴室拿浴巾也会受到妻子的责骂，这样脾气急躁的女士谁也不能忍受。

理智的女士们即便是喜欢购物，也不会对一件廉价商品付出法国名牌的价钱，因为她们明白那是一种浪费。唠叨、挑剔就是这样的一种浪费，尤其是为了小事情，更不必如此大动肝火。

懂得幽默，培养自己的幽默感，用幽默的话语和心态将琐屑的小事化解开来，这样会让你自己和家人保持好的心情。然而有很多人不明白这个道理，或者是他们做不来幽默，每天紧绷着一张脸，将所有的热爱都转化为痛恨。

5. 遇到不愉快的事情时一定要冷静

在生活中经常会面对不愉快的事情。遇到这样的事情时，请不要轻易发火，不妨将这件事记在本子上，等大家冷静下来再做讨论。如果是一些微不足道的小事情，我想过不了多久你自己就会忘记，即使没有忘记，你也会羞于提起。尤其是夫妻之间，一定要学会冷静思考问题、讨论事情。

查尔斯·史波考说：“控制男人的秘诀就是让他们去做自己想做的事情，你应该去激励他而不是驱使他。”

如果查尔斯的话没有道理，他也不会挣到100万美元的年薪。还记得有一首歌是这样唱的：一把枪是套不住男人的，喋喋不休更是不行，如果那样，只会让男人精神崩溃，你的幸福也会越来越远。

夫妻越紧密，婚姻越幸福

婚姻不是照镜子，不是你我对看，而是向一个方向看齐。婚姻的幸福度在于夫妻之间的联结度。夫妻之间联结得越紧密，就越容易感受到幸福。怎样加强夫妻之间的联结？正确处理生活中的每一个小细节都可以加强这种联结。

婚姻生活中一般不会有什么大是大非的问题，所以矛盾或冲突不过是夫妻各自立场的问题。如果能秉持“夫妻是共同体”的原则，很多问题就会迎刃而解。

都说“不是冤家不聚头”，我朋友小慈和阿孝可能从一开始就注定是冤家。单位的阿姨们张罗着要给小慈介绍对象，小慈的条件是：一是人要长得高大英俊；二是工作单位要好；三是家庭条件要好。不久有人介绍小慈和阿孝认识，小慈不禁大失所望，毫不客气地对阿孝说：“我还以为是一颗钻石呢，原来不过是一块粗糙的石头。”阿孝也不客气地回她：“嗬，我还以为是什么金枝玉叶呢！还真不怎么样。”小慈气得牙齿“咯咯”响。

俗话说“不打不相识”。这两个欢喜冤家竟然在随后不久步入了婚姻殿堂。

从婚后的第一天起，他们不足几十平米的小屋真的可以用“硝烟弥漫”来形容。不管因为什么事，夫妻俩总要争出个高低，谁干活少了，谁先追的谁，孩子像谁等都能引起他们的“战争”。

小慈斗不过阿孝，就去争取女儿的支持。小慈问女儿：“你是喜欢爸爸，还是喜欢妈妈？”女儿回答“喜欢爸爸”！小慈便诱导女儿：“妈妈给你买花衣服和好吃的，你爸爸从来没给你买过……”四岁的小孩子哪里有什么坚持的立场，很快就转变过来：“妈妈，你才是我最喜欢的人”！

阿孝也不甘示弱拆小慈的台：“妈妈是个粗心的妈妈，上次给你买鞋子，结果一只大了一号，一只小了一号。”小慈立即反唇相讥道：“你给女儿做的风筝还没飞出十米就掉下来了，还不如路边五块钱一个的风筝呢”！

朋友们调侃他们的婚姻就像是在剧场说相声一样，不出三年，他们家准能有一个“国嘴”诞生。小慈和阿孝报以无奈的笑。他们也觉得这样很伤感情。两个瓶子，再坚固，老是碰撞，也终会留下伤痕吧。可是，一遇到什么事，他们好强的性格又上来了，一定要争个输赢才肯罢休。

※ 案例解析

一对陌生男女因爱而步入婚姻，他们结婚的初衷无非是为了让生活变得更加美好，而不是为了一较高下。将婚姻当作一较高下的行为是一种幼稚的竞争，这样做最终的结果只会是一损俱损。

小慈和阿孝都是争强好胜的人，这并不是什么缺点。但就婚姻而言，这种不良习惯早晚会让他们的婚姻亮起红灯。

结婚就意味着两个人成为一个整体，幸福的婚姻是建立在“我们”的基础之上的。不管遇到什么问题，都要有共同意识，这样才能将问题妥善处理。正所谓“人心齐，泰山移”。即便是遇到再大的困难也会有解决的办法。

两个人携手同行，也会遇到矛盾和烦恼，但两人既然已经结为连理，并且你们行路的方向都一致，那么，何妨少些争执和挑剔，多一些宽容和理解呢？

当两个人变成同盟关系，很多棘手的问题便都会迎刃而解。

夫妻关系是整个家庭关系的基础，夫妻要形成一个唇齿相依、息息相关的共同体。如果夫妻都不能结成统一战线，而是处处敌视、攻击对方，那就瓦解了家庭存在的基础。

※ 聊天要点

形成了共同体的认识，这只是迈向幸福的一小步，我们还要将这种意识融入到生活中，并且多加练习，这样才能收获幸福。

1. 如果再发生对立场面，立即牵手，以示和解

如果这样的情绪难以得到平复，无法友好地说话，那么可以暂时牵着手静静地什么也不说，等都冷静了下来，再选择正确的立场。

2. 平时说话多使用“我们”的代词

少使用“我”和“你”，特别是减少“我”和“你”同时出现的频率，避免将两个人人为地弄成对立面。

3. 规划共同的未来

探讨一年之后、五年之后、十年之后，“我们家”“我们”两个人的状况。为实现这些目标，“我们”要做些什么呢？就是通过这些讨论，增强俩人同舟共济的责任感。

抱怨除了破坏你的婚姻，没有任何用处

人生本来就没有完美，谁都是那遗落的残缺；生命本来就是永远的等待，等待那未知的未来；婚姻，本来就是个钟摆，一左一右，分化两极，一边摆向痛苦，一边摆向幸福。两个人，一直在两极中徘徊、轮回。前世的情人，在轮回中，化作梦蝶，追到今生，在思念的天空盘旋，诉说着最美的诗篇。

我们都希望自己种下的种子能丰收，获得更多的果实。然而，在婚姻的道

路上却充满着各种各样的不公平。有人抱怨为什么洗衣做饭的繁琐家务总是归自己；有人生气为什么在情人节的时候收不到玫瑰花和巧克力；有人觉得自己总是受到老公的冷落；有人抱怨回家之后连个说话的人都没有……尽管如此，你和爱人还是要同步生活。要想让你和老公不错过人生沿途的风景，一路走到你们的目的地，我们必须适应各种各样你所谓的不公平。也许他忘记准备你生日的礼物，也许他忙过了头忘记回你的电话，但至少他还是在为这个家而奔忙，至少你还应该相信你们之间还是有温情的存在。在爱里接纳不公平吧！就当这一切都是甜蜜的错误，当你们携手走到了人生的尽头，就会发现，原来你们一直朝朝暮暮，对家的付出有多有少，却依然手牵着手走过那些最难忘的光景。

一段完整的婚姻差不多占据了整个生命的大半部分，但真正能够“执子之手，与子偕老”的恐怕不多。幸福、甜蜜、激情这些固然是爱情生活中需要的，但衣食住行的琐碎、时而发生的争吵和一成不变的无趣才是生活的主心骨。而最难让人接纳的恐怕是“不公平”。然而，爱情的不公平其实就是婚姻里的一些小插曲。把它看淡，毕竟恋爱时你如公主般的优待已经不再出现，回归婚姻，你需要为丈夫和孩子无条件地付出，因为这才是爱。童话般的恋情只是一些文学作品中人们美好的期许，现实才是我们真正需要面对的。如果不能接受家庭中的一些不公平，那么，爱情很可能会变成死灰。

晴子时常对朋友抱怨老公的不是。譬如，她明明很用心地为老公做红烧肉，他却说不好吃，还不如萝卜白菜更有味道；晴子想跟他说说话，释放一下工作上的压力，可他却嫌烦，觉得她没有肚量，结果给自己惹一身的不痛快；因为情人节晴子想让老公为她准备玫瑰花和巧克力，他却说，买什么买，又费钱又没用……这样的“不公平”，别说接受，晴子甚至觉得都忍无可忍了！

“我人长得漂亮，他一副歪瓜裂枣的长相，对这个家我付出的也比他多，凭什么他现在对我爱搭不理，还说我是黄脸婆？恋爱的时候可不是现在这样！”晴子总是觉得爱人对自己的关注越来越少，并且总以她心目中最理想的条件来衡量，觉得自己牺牲了那么多爱人却没有“感恩戴德”，更令她气愤的是，老公有时甚至无动于衷，这对她来说好像太不公平了！于是，晴子变成了生活在回忆中的怨妇。她动不动就拿现在跟过去比，拿婚姻跟热恋比。那时候，她无论任何节日都能收到玫瑰花，享受同事和朋友羡慕的目光；有点头疼脑热老公就急得带她去医院，对她的照顾无微不至；每个月一起去游玩，带晴子吃她最爱吃的东西……那时候，爱情至高无上，无论多么蛮横不讲理，爱人对晴子都是俯首帖耳，像伺候女王一样。而当感情稳定下来，尤其是结婚以后，尽管晴子还是那么漂亮，但是，他对她真的是“毫不在意”了。骄傲的女王从高高在上变成低低在下，这种不公平让晴子寝食难安，快乐指数急剧下滑。

※ 案例解析

其实，生活里的“不公平”事件比这多得多。但毫无例外的是，当我们遭遇这些境遇的时候，我们的第一反应肯定是生气，继而大发雷霆，随后兵刃相见，直到某一方战胜对方才肯善罢甘休。夫妻之间难道真要争出个高低才肯罢休吗？那是因为，我们在爱着的时候就会视对方如生命一般，所以，爱意浓浓；而矛盾时，则把对方看成了敌人，那一刻，所有积累的爱就会在瞬间烟消云散。

有些女子之所以能够博得众人的喜爱，那是因为她的优雅乐观，这样的人必定是乐于去爱和奉献的人。两者看似不相干，实则联系密切。一个斤斤计较的女子，怎么能得到男人的爱慕？偏激的语言、不理智的行为，脑袋里整天转悠的都是“为什么他不能再对我好一点”的女子，很难有时间去增长自己的智慧和魅力，让自己时刻散发诱人的魔力，也就更别说让男人为自己甘心情愿付出他们的感情了。

如果你不希望自己的婚姻生活里充满矛盾和困惑，首先，第一件事就是重新审视何为“公平”、何为“不公平”。想要客观，就必须先将个人偏见放到一边，多站在对方的角度想一想。“每次我都记得他的生日，所以我对他比他对我好。”这话听起来本无可厚非，但我们忽略了：生活中，我们不要因为某一件小事，来给对方下一个规律性的结论，这是错误的。当你抱怨他不愿意跟你多说话，却没有想想自己每天都为同一件事反复纠缠、絮絮叨叨；当你觉得他不再时常赞美你，你却忘记了在你生病时，是谁陪在你的身边；当你责怪他不帮你分担家务时，你却忘记了是谁让你们的存款数字变得越来越多，他的打拼是有多么的不易。

有时候我们经常只把注意力集中在自己身上，却看不到对方的付出。你愈发吝惜自己的牺牲，就越觉得你在家庭中得不到任何回馈。久而久之，你会变得自私自利，想得到更多却得到的越少，最后只剩下抱怨伴你左右。想改变这种每况愈下的状态，我们不防偶尔拿起笔，每天做一些简单的记录，仔细记住他的优点以及他为家庭所做的每一件小事。你会惊讶地发现，这张纸很快就会被写满。他其实为这个家和你做了很多事情，那些事情只是因为你习以为常而忽视掉了。

生活是现实的。当我们在爱里学会接纳不公平和不完美，我们才有得到幸福的可能。当我们觉得别人不完美，往往是因为自己可能做得更不好。女人好到极致，男人坏到无法弥补，这怎么可能？每个人都有自己的生活空间，你爱上他完美的同时也要接受他所有的缺点。当遇到感情问题时，你要先考虑“我怎么了”，而不是“他怎么了”。唯有自省才能控制厌倦与挑剔，让自己成为一个积极乐观的人。

※ 聊天要点

尽管爱里有这样那样的不公平，但只要怀着一颗包容的心，就一定可以找到彼此的默契，从而拥有更美好的婚姻生活。那么，这时你一定会问，究竟我能为他做些什么？究竟怎样才能更好地保护属于我们的爱情，拥有幸福的婚姻？下面就列出几件你在面对心理不平衡时必须做的事情，只要你能做到以下三点，相信过不了多长时间你就会发现自己身边的改变。

1. 尊重

你的小任性可以在关起门的时候耍耍，因为这也是增进感情的一种手段；但出门后，在大庭广众之下，你一定要给足老公面子，对他的不满千万不要在外人面前提起。

2. 沟通

同步成长非常重要。曾经看过一篇杂文，其中的观点我个人非常赞同，婚姻不是亲情、不是恋情，而是一种过命的交情。

3. 保持自我

保留自己的特质，不要让婚姻散去原本属于自己的味道。拥有个人的交际圈，永远对自己的未来有规划。

婚姻没有对错，没有谁的日子不是磕磕绊绊

时光荏苒，慢慢地觉得，人生不是一条直线，而是在曲线中前行，太多的起起伏伏，太多的离奇曲折。人有悲欢离合，月有阴晴圆缺，此事古难全。没有一片天空万里无云，没有一个人的心灵一尘不染。

婚姻亦是如此，没有谁没有过错，没有谁的日子不是磕磕绊绊。但当矛盾出现，两个人需要做的是解决问题，而不是产生问题、发生事情、最后又进行报复。

“以眼还眼，以牙还牙”是一种报复行为。要勇于让别人明白你的需要，并且直截了当地追求你的需要，但不要用“以眼还眼，以牙还牙”来对付你的爱人。因为这样的行为会让婚姻蒙上一层不愉快的阴影。

在我们的家庭生活中，经常会出现“以眼还眼，以牙还牙”的现象，不妨让我们看一下下面一段对话：

你们都节食而且忌讳吃甜食。在餐馆吃过晚餐之后，你的爱人要了一块巧克力蛋糕。你说：“好吧，今晚你要是不节食的话，我也不节食了。”

你们一起去的多次聚会上，你的爱人跟别人调情，这令你情绪懊丧。你宣称也要这么干，于是就说：“我们来看看鞋子穿在别人脚上合不合适！”

屋子里有点儿零乱，但总是由你来收拾。你终于脱口而出：“我厌恶总是让我整理这儿，现在该你来干了！”

※ 案例解析

这些都是“以眼还眼，以牙还牙”的事例。他们说，如果你可以做这件事，我也可以做；如果你伤害我，我也要伤害你；如果你为我做了这个，那我才为你做那个。处理的办法是什么呢？同样的想法也产生这种说法：“你要我怎么样，我就要你怎么样。”或者，“以眼还眼，以牙还牙”。

问题在于，这里有一个逻辑上的严重缺点，即试图把原因和结果都归于唯一的关联上。更糟糕的是其中还有诱惑，这使你让爱人得到其需要，却不对这些需要负责。

第一个事例中，你以爱人不能坚持节食为借口来证明你不节食的正当性。第二个事例中，你借要惩罚爱人跟别人调情为借口，表示也要跟人调情。在第三个事例中，你以公平为借口挑起爱人的歉意，迫使其收拾屋子。这些算计中隐含着的不负责任，是人们常识中的“以眼还眼，以牙还牙”所不能察觉的。而这种情况却经常发生！但是“以眼还眼，以牙还牙”的策略会让你们的婚姻产生不公平、不愉快。

当你冒出“以眼还眼，以牙还牙”的念头时，最好的办法是停下来，反省一下你的需要和动机。

因为你的爱人要了餐后甜点，你就利用其小疏忽给自己也想吃甜点找到正当理由而不负责任。其实，这种伎俩是很容易得逞的，你要是想来点儿什么，你可以事后再责备爱人！这种可恶的想法对双方的关系很有害。较好的办法是承认你也想吃甜食，尽管节食是禁止吃甜食的。然后考虑一下，你是否愿意在现有体重上多增加卡路里，对甜食诱惑的小不忍可能会使你的节食计划告吹。如果你还是决定来点巧克力蛋糕，考虑好之后再做出负责的决定，而不是把责任推给爱人。

如果你真的想去调情，就得对自己承认这一点，并从正反两面考虑你的决定会产生的许多利弊，而不是既用爱人的行为作为自己调情的借口，又作为逃避爱人谴责的掩护。

不负责任的另外形式是，你用调情来惩罚爱人对你的伤害，然后还用他的调情来逃避他可能产生的愤怒。两个错误加起来不会产生正确。三个错误也不能产生正确！鼓起勇气，直接明了地面对他，对他说他的调情伤害了你，使你感到焦虑。听听他的说法，然后解决你们的问题，这比“以眼还眼，以牙还牙”来玷污宝贵的关系好得多。

如果你想保持屋内的清洁，就提出要求。不要用公平作为操纵爱人的武器，以此使自己受到贬低。如果不能立即得到帮助，你们的争执就必须用建设性的方式来解决，既要使你的要求得到满足，但也要满足爱人的要求。对于双方间的关系来说，问题的解决远比“以眼还眼，以牙还牙”的一番争吵好得多。

※ 聊天要点

当爱人做了什么使你沮丧或难受的事，就此进行沟通十分重要。沟通的第一步是对立，第二步是聆听爱人对你的对立有什么反应。结果可能是，你的烦恼得到了澄清，以及（或者）爱人改变了他或她的行为。或者，你也许会发现，你自己存在着冲突，而这种冲突需要以你们双方接受的方式来共同解决。两种情况下，通过对立、聆听和解决问题，亲密会取代伤害，就会找到你们双方都能接受的解决问题的办法。“以眼还眼，以牙还牙”则不会产生类似的结果。

1. 语言上的“以眼还眼，以牙还牙”

言语上的“以眼还眼，以牙还牙”把许多夫妻搞得疲惫不堪，而这与彼此的行为其实并不相干。但是，言语上的“以眼还眼，以牙还牙”可能会产生让人意外的伤害结果。

妻子说：“因为你昨晚的咳嗽，搞得我昨晚整夜难受得睡不好觉。”丈夫回答说：“听你打鼾也不是愉快的事。”这就是语言上的“以眼还眼，以牙还牙”。你对我说了什么责怪、批评或者斥责的话，我就用同样的话回敬你。

妻子又说：“知道什么叫准时吗？你总是迟到。”丈夫回击道：“是啊，但我不像你，起码我还要回电话。”

妻子还说：“我为什么要劳神费力？你比我还笨。”丈夫反唇相讥：“要是以前你多看我一眼，我可能会在乎。”

这种口头交锋跟运动中的击剑一样。你攻击，你的爱人就挡击。击中！击中！但言语上的“以眼还眼，以牙还牙”跟运动的击剑不同，在争吵的游戏中总是两败俱伤。

言语上的“以眼还眼，以牙还牙”是“指责游戏”的快速、不体面的表现。对此我们已经谈论过，对夫妻关系来说，指责最具腐蚀性。

然而，再仔细地检查一下双方言语上的“以眼还眼，以牙还牙”说了些什么，就会发现每个爱人的感受和想法更有益的情况。问题是这些重要情况都被当成伤害爱人的武器，在感情沟通充分的时候，这些情况其实是有价值的。

中止语言上的“以眼还眼，以牙还牙”的办法是，在口角的第一回合时就要打住。这并不容易做到，但却至关重要。当你听到爱人的批评时，无论是轻微的还是尖锐的，一定要在你想以牙还牙地回击爱人之前打住，要尽量使自己镇静，让意识集中起来准备积极聆听爱人的信息。

在前一事例中，适当的积极聆听可以是这样的：

①“我咳嗽很打扰人，让你昨晚很心烦。”

②“听上去我迟到对你来说是个很烦心的习惯。”

③“听起来我看你的方式真的很让你烦恼。”

当你停下来聆听爱人的批评时，那么，对你们的关系中正在溃烂的问题进行认真而重要的对话之门就敞开了。问题在这种情况下得到无形的展开，也许会以爱人意想不到的方式谈论起来，但问题仍然让你的爱人感到烦恼，还要认真讨论并且圆满地解决。

当你用聆听把爱人发起的攻击变成讨论时，不管有怎样的指责，但消除了口头的交锋，讨论变得舒缓了，并且很快有了没有指责的判断标准。这就使有意义的讨论之门打开了。

例如上面的情况：

①“好啊，是的，听你咳嗽我心里真的烦得要死，我心里在咒骂老长时间睡不着觉，而第二天我还得面对一整天的工作。”

②“是啊，真的是，我希望你能按时到，我真的希望那样。”

③“是啊，我真讨厌看到你面貌不振的样子。我娶的是一个漂亮的女人，对我来说，你不再那样很可怕。”

显然，你与爱人就此对生活中一个重要问题展开了真正的亲密讨论。交流是深入的，问题确实存在，而现在你们以开诚布公的诚恳态度共同面对问题。本着这种交流的品质，或许还有最终解决问题的办法，双方的关系就能得到加强。

如果你用语言上的“以眼还眼，以牙还牙”来对付出言不逊，而不是以积极的聆听来创造亲密的沟通，那么上述的一切都不会发生。你在语言上的“以眼还眼，以牙还牙”会使爱人不中听的批评升级到双方都冒火连天的局面。

就像一位母亲常说的那样：“两个错误相加不等于正确。”“以眼还眼，以牙还牙”不会使关系茁壮成长，无礼和攻击不会产生亲密关系，不会推开令人满意的结果之门。当听到爱人对你的一些批评之词时，不要把它们当成攻击，不要一味自我保护，要通过聆听对爱人话中的诚恳含义予以积极的回应，要把攻击的冲动转变为感情触动的机会。

2. 强迫爱人报答

妻子说：“我总是为你搓背，而你从不为我这样做。我觉得你应该报答我。”妻子用为他搓背来索取报答。因为她为他付出了很多，她认为有权从他那里得到回报，并试图用施加回报的方式来获得公平感。

不幸的是，这是一种把慷慨行为变成强迫报答的准则。这种“以眼还眼，以牙还牙”的方式同样行不通。

我为你做了有益的事，并不是要迫使你为我做有益的事，除非你们事先就有搓背的约定。礼物就是礼物，无论礼物是什么，如果有附加条件，它们就不是礼物。如果你想要有人搓背，那就提出请求。不要用施压的方式强迫爱人：“无论怎么说，我为你多次搓背，所以你也应该为我搓背。”但你的爱人要发自内心来回应你的要求。

除非你的需要很迫切，一般来说，当你请求爱人做些什么事，而对这件事的回答可以是“行”也可以是“不行”。无论是给你端杯水还是一道去打球，还是运动，都是有益的。具有讽刺意味的是，当你请求人们做一件事，而他们有可做可不做的自由时，他们更可能愿意做这件事。奇妙的是，交换并不会使义务受到亵渎。归根结底，无论是什么形式的“以眼还眼，以牙还牙”都是看似公平、实则极不公平的表现。

要承认你们都是不同的人，有不同的需要。对你的行为负责，而不要利用爱人的类似行为来判断其行为；请爱人为你做事但不要用公平作为武器来强求；当你们的需要具有直接和相似的对抗性时，绝不要用“以眼还眼，以牙还牙”来报复。要勇于让别人明白你的需要，并且直截了当地追求你的需要，但不要用“以眼还眼，以牙还牙”来支撑自己。

家是红尘中的净土，另一个世外桃源

爱，犹如细软的沙，抓起一把，紧紧握住，在指缝间，一点点流失；情，犹如水中之月，看着是那样的美，弯腰打捞，除了水的波动、月的丢失，再无任何；家，犹如红尘当中的净土，在世间烦恼再多，这里就是一个世外桃源。

所以，当回到家时，不管你有多么气愤、多大的情绪，也不要带回。情绪是一个很容易传染的东西，很多女人在外面受了委屈或是心情不好，都喜欢将不满全部写在脸上，一回到家就开始喋喋不休，一股脑儿全部倒出来。更有甚者，直接将在外所受的气悉数发泄在家人身上，丝毫不顾及家人的感受。

心情不好时，拿亲人当出气筒是最不明智的做法。这样做不仅摆脱不了坏情绪，反而会让莫名其妙的家人难受不已。如果受你感染的亲人也按捺不住，和你争吵起来，只会让形势更加恶劣，劳神又伤心，还会影响家人之间的感情。

景贤和同事一起乘车出去郊游，一行人高兴地游玩归来的时候，没想到下起了大雨，车子一下开进了泥坑，陷在里面走不了了。于是大家又一起出来推车，好不容易把车子推出了泥坑，但景贤一行人却被淋得跟落汤鸡似的，心情也跟当时的天气一样，由晴转阴。

快到家门口了，景贤和一个准备在她家吃饭的同事都一脸沮丧。但走到门口时，垂头丧气的景贤并没有马上走进去，而是站在门口，伸出双手，抚摸门旁一根突出的栅栏。大约停了半分钟的样子，她才敲门。门开后，景贤笑逐颜开地和丈夫说话，还高高兴兴地向家人介绍了同事。

待同事离开的时候，景贤出来送她。同事不解地问："你真的很会装啊，明明不开心，还硬装出一副开心的样子。"景贤笑笑说："人总会遇到让人心情不好的事情，可是无论怎样，我都不能将坏心情带进门，带给我的家人，那样他们也会心情不好。所以，我每次心情不好的时候，都会强迫自己微笑着进门，这样才是爱的表现。"

※ 案例解析

现在有很多女人深受工作压力的影响，紧张、焦虑、抑郁、烦闷等不良情绪时常困扰着她们。但不管怎样，我们都不能带着坏的情绪回家，要学会掌控自己的情绪。快乐和不快乐都是可以感染到别人的。明白这个道理后，我们就该学会控制好自己的情绪，给家人一种好心情。

如果想要你的家变得温馨的话，千万不要做伤害家人的事，请用你的爱心去滋润家。要知道，家永远是你停船靠岸的港湾，家是你的栖身之所，家是容纳你心灵的地方，不要做出伤害你家人的事情，否则，你无异于自伤。

※ 聊天要点

那么，我们运用什么办法，才能有效控制自己的情绪，避免向家人发脾气呢？以下几种方法建议大家尝试一下。

1. 转移宣泄

如果任不良情绪任意滋长的话，对身心健康是毫无益处的。因此，适度释放不良情绪，可以有效调节心理。比如：穿上宽松肥大的衣服，躺在床上，双手握拳。做出假想击敌状，反复这个动作。或者站在山顶，大声喊出“讨厌”等宣泄词语，然后，做深呼吸调整，可以达到宣泄不良情绪的目的。

2. 推迟发怒的时间

试着延迟你发怒的时间，第一次五秒，以后逐渐把时间拖长。如果你能做到推迟发怒一天的话，你就毫无愤怒可发了。

3. 写动怒日记

当怒气未消时，在日记本上写出不满的情绪有助于情绪的宣泄，并因此发现真正的感觉。因为，愤怒时的情感往往是我们的错误情感。研究表明，善于写下问题的人，要比那些不写的人更快乐，而且我们把感觉写出来以后，不良情绪就会得到缓解。

Part 10

胸有成竹，方可聊遍天下无对手

在聊天中，一定要学会掩藏自己，特别是弱点，也就是你致命的要害之处，这是战胜对方最好的策略。只有深藏不露，才不会给对方留把柄，让对方觉得你不可捉摸，从而产生威慑力。只有这样，你才能在复杂的社会关系中保护好自己，在交际中不被踢出局。

莫要成为一碗轻易能被看穿的清水

在谈判中，如果你很轻而易举地就被人看透，是一件很可怕的事情。如果别人把你看透，或者掌握了你的弱点，那么当你们有了利益冲突时，别人就会攻击你的弱点，使你措手不及、防不胜防。

在聊天中，一定要学会掩藏自己，特别是弱点，也就是你致命的要害之处，这是战胜对方最好的策略。只有深藏不露，才不会给对方留把柄，让对方觉得你不可捉摸，从而产生威慑力。只有这样，你才能在复杂的社会关系中保护好自己，在交际中不被踢出局。

在一个杂志上看到过一个故事：

叶清和高洁是一对很要好的朋友。叶清是一个很单纯的女孩子，而高洁的心机很重。在交往中，叶清什么话都对高洁说，什么心事都告诉她。经常把自己的优缺点暴露给高洁，而高洁却把自己隐藏得很深。单纯的叶清却又很信任高洁。

叶清在高洁面前，就像一碗清水，一眼就能被高洁看到底。叶清谈恋爱了，男方是某市电台的播音员，叫胡嘉泽。通过胡嘉泽的关系，叶清毕业后，也在电台找到了一份导播的工作。

这时和叶清关系很好的高洁非常嫉妒叶清。高洁嫉妒她有长得帅气、有实力、有能力、家庭背景特别好的男朋友；高洁还嫉妒叶清的男朋友帮她安排的那份好工作。

隐藏很深、心机很重的高洁决定把叶清的男朋友抢过来。高洁早就把叶清看得很透，对她的了解也很深。所以她决定利用她的弱点，达到自己的目的。

高洁先是通过叶清认识了胡嘉泽。然后，叶清和胡嘉泽约会的时候，高洁也跟随着，高洁很甘愿当电灯泡。慢慢地，高洁和胡嘉泽熟悉了，她就开始主动约胡嘉泽。而单纯的叶清并没有看出高洁的野心。

后来，高洁把叶清曾经的感情经历添油加醋地告诉了胡嘉泽。胡嘉泽和叶清之间的关系就有了嫌隙。高洁取得了胡嘉泽的好感，并让胡嘉泽喜欢上了自己。然后，高洁成功确立了自己在胡嘉泽心中的地位。

最终叶清看出了高洁和胡嘉泽的亲密关系，叶清把胡嘉泽拱手让给了高洁，选择和他们划清界限，还辞去了胡嘉泽给安排的那份工作。

※ 案例解析

叶清失去恋人、失去工作的最根本原因就是高洁利用了她的单纯和真诚，背叛了她们的友谊。但是，最大的错误还是在叶清自己。是因为她的性格过于单纯，被高洁看透了，让高洁抓住了她的弱点。在利益冲突时，高洁就利用了叶清的弱点，从而达到了自己的目的。

在人际交往中，对任何人都要有所保留，这种保留是对你自己的一种保护。如果你像一碗水，让人一眼就看到底。这样对方就会把你看得很透，了解得很透。

当没有事情发生的时候，大家都相安无事。一旦有了利益之争，对方必然会毫不客气地利用你的弱点将你击败。

不要做一碗清水，要做一潭深不可测的井水，这样就不容易让人看透。如果他想了解你，那么就让他去猜吧。

只有让人觉得你有深度，看不透也捉摸不透，他才会对你敬畏。你才不会被他人利用。因为你的深不见底，对方才不会轻举妄动，才不会轻易地去攻击你。

让对方看到你实力的同时，你还要深藏你的底牌，这样你才可以在对方面前永远被称为老师。不把自己的底牌亮出来，你才可能使别人永远猜不透你，你才可以在某一领域独领风骚，长久不败。

有这样一个小故事：

张灼经营一家煤炭公司，生意非常好。在另一个城市，有一个小煤炭经销商，叫李响。而李响的生意做得很失败，眼看着就要破产了。

李响认识张灼的朋友林原。于是，李响以做煤炭生意为借口，请林原给张灼打了个电话，拉上了这层关系。

随后，李响也和张灼联系了一下，并请张灼在当地最好的酒店里用餐。

张灼一看是好友林原的关系，也就没有拒绝。李响说："我们市有一家特别大的煤炭零售店，信誉很好，老板是我的朋友，叫郑祥。如果你信得过我，我就给你们牵线搭桥，肯定能给你们公司带来可观的利润的，我只从中抽取点提成就行了。"

张灼听后，心里开始犹豫起来。这是涉及生意的事情，必须要小心谨慎才行。而且，虽说是朋友介绍的，但是也不一定靠得住。

李响看出张灼的担心，就仔细和他说了郑祥的情况，还故意透露出郑祥每年经销的煤炭数量，以打动张灼。

在结账的时候，李响掏出一大叠百元大钞，张灼看着那叠厚厚的钞票，有些吃惊。李响的举动，让他觉得是个做大生意的人。张灼于是同意考虑一下。

※ 案例解析

李响就是采用了虚张声势的战术，让张灼相信他有实力。李响用大方的行为、有钱的假象迷惑了张灼。李响巧妙地隐藏了自己的底牌，从而获得了很大的利润。

把自己的真实性格隐藏起来，保持低调，让别人看不透也捉摸不透。这样做可以不给别人留下攻击你的把柄。

虚张声势是一种策略，可以迷惑对方对你的认识和了解。原本底牌很小，但通过这一策略，对方会以为你的底牌很大，从而不敢轻举妄动。当事情对你不利的时候，你也要假装自己很有实力的样子，用瞒天过海的方式骗过对方。最后，出奇制胜。

※ 聊天要点

1. 控制好言谈举止

人主要是通过行为、语言来表达自己的意图，达到自己的目的的。所以，行为、语言中含有大量的真实而有价值的信息。当你在与人交谈时，一定要控制好自己的言谈和举止，不要让对方获得对他有利的信息。用一些假动作，或者是假象的语言来隐藏真实的自己，从而迷惑对方。

2. 不要让对方掌握你的生活习惯

生活习惯会透露出你的性格，还会反映你的潜意识，反映你的潜在愿望。所以一定不要让对方掌握你的生活习惯。否则，对方会通过这些来推测和分析你的性格。

3. 不要把自己的底交给任何人

无论是最好的朋友，还是关系很好的同事，你的单纯和不设防，都有可能导致你主动向对方透露你的信息。一旦你与对方产生对立关系时，你就会很恐慌，因为对方已经知道了你的底。最终，你会惨败。

4. 在兴趣上有所保留

有的人会通过你特殊的嗜好而猜透你，而有的嗜好恰恰就会暴露你的短处和弱点。所以你最好在兴趣爱好上也有所保留。

在交际中，除非有必要，否则不要在别人面前表露出你的特别喜好，尤其是在你的对手面前，这样才能更好地保护自己。在交际中，人人都有自己的目的，是敌是友也不是一下子就可以分清的。让别人看不透你，是对自己最好的保护。

没事混个脸熟，见面长不如常见面

在聊天中，人们往往对熟悉的东西有偏向喜好的思维定式，对与自己特别熟悉的人容易产生好感。

你可能会认为拉长与对方的谈话时间，达到深度交流，会加深熟悉度。而实际上，要想与对方更加熟悉，增加与对方见面的频率，要比拉长谈话时间更有效。

大家都有这样的感受，经常出现在你眼前的人要比出现次数少的人留给你的印象深刻。这就验证了一句俗话：见面时间长不如常见面，也就是心理学上的“多看效应”。经常与对方见见面，让对方多看到你，他就会更熟悉你，更喜欢你。

我朋友杨庆华新到一家公司做业务员，但在业务方面还不太熟。公司的一位前辈告诉他：“你制订一个计划，每天坚持走访五位顾客，这样一个月就能拜访到一百多位顾客。你只要坚持两个月，你就什么都明白了。”

杨庆华问：“为什么要这样做呢？两个月之后我又能明白什么呢？”

前辈很严厉地回答他：“不要问我为什么，原因以及后来的感悟两个月后你就会在你的销售实践中体会到。如果你想成为好的销售人员，就按我说的去做吧。”

杨庆华听了前辈的话后，尽管有些不理解，但还是用心地跑业务。两个月之后，聪明的杨庆华终于有所体会，也总结出了经验。

谁都知道搞定领导是拿下订单最重要的。但是，他发现领导一般都很忙，没有时间和你闲聊。一般的推销员，只要一遇到某领导有时间，便紧抓不放，进行长谈。这样既耽误对方的时间，又容易引起对方的反感。结果往往适得其反，导致销售失败。

杨庆华使用的策略是见面次数多胜过见面时间长。他每天都去拜访潜在的顾客，有时会帮着做会儿杂务，有时会闲聊几句，如果顾客很忙，他就会知趣地离开。

一年以后，杨庆华拜访的顾客多了，拜访的时间长了，也掌握了谈生意的技巧。同样，顾客见杨庆华次数多了，对他就熟悉了，也就信任了。于是，杨庆华的订单自然就有了。现在，他的业务能力远远超过了自己的同事。

※ 案例解析

杨庆华听从了前辈的话，多跑业务，频繁出现在顾客面前，不仅帮助他认识了顾客、学习了销售，同时也扩大了他在顾客面前的影响。再加上杨庆华很聪明，能够时不时帮助顾客做事，也不给顾客添麻烦，所以顾客才最终选择了他。

在销售中，如果销售人员性格开朗、乐于助人、有好的人缘，也容易给顾客留下好的印象。

要想与对方建立良好的关系，平时就要多出现在他的生活里面。节假日的时候，天气有变化的时候，可以发发短信问候一下。也可以在对方休息的时间里，请对方出来坐坐，喝喝茶、喝喝咖啡、吃吃饭什么的，以建立感情。

读到过这样一个故事：

容小青和平小玉同是学生会的干部，容小青是一个性格很活泼开朗的人，平时爱说爱笑，很会交际，有很好的人缘。而平小玉是个比较内向的人，平时做事比较保守、比较自我、还有些自私，不太善于与人交际。

容小青没事喜欢串宿舍，和学校里大多数同学都混得很熟。这样的交际方式，既有利于学生会工作的顺利进行，又建立了稳固的人际关系。

平小玉除了学习和学生会的工作，很少花时间维护与同学的关系，比较孤立。甚至有的同学连平小玉是谁都不知道。

快毕业的时候，学校里为了鼓励优秀的学生，给了学生会一个留校的名额，需要同学们投票表决。平小玉这时才想起搞人际关系，又是给同学买东西又是给老师送礼，容小青却表现得很淡定。

最终的结果可想而知，容小青得到了这个留校的机会。这都是她平时常与同学们联系、常见面、保持熟络的结果。

※ 案例解析

在人际交往中，你可能具备了很多的优势。比如你长得漂亮、你很有气质、你很聪明。你可能见一面，就会很吸引对方，也许你觉得这就足够了。可是后来，你会发现，经常出现在对方面前的那个人才是真正的赢家。

亲戚朋友之间多来往能加深感情，否则会慢慢疏远。我们通常说：远亲不如近邻。我们与在远方不经常见面的亲戚的感情，可能还远远不如与经常见面的没有血缘关系的邻居之间的感情深厚呢。

要想维系你与对方的关系或深厚的感情，你就得经常约对方见面。每次的相见、每一次的交流，都会使双方关系更近一步、感情更深一步。俗话说“脸熟胜过送礼”，常见面的你们，已经不需要客气了。

要想在人际交往中取得优势，就得与对方经常保持联系，经常找时间去看望对方。不需要跟对方聊太长的时间，却需要经常约对方见面。

要想让与你交往的人认识你，然后熟悉你，就得有事没事地常与对方走动。常联系、常见面、常沟通、常交流都是让对方与你熟络起来的好方式。只有常见面才能使相互之间有更深的了解，感情才能升温。常见面胜过一次长时间的见面和交流。

经常的联络比长时间联络一次的感情要深厚。经常跑的人际关系，比你只跑一次却投入很多的人际关系要牢固。在关键时刻，人们只会帮那些经常出现在自己身边的人，而不会去帮那些不常出现但出现一次就很长时间的人。

※ 聊天要点

1. 平时多来往

在平时没有事情的时候，就与对方常来往。不要等到有求于对方的时候才去拜访对方。平日里常见面，感情已经积累到了一定的程度。就算不用送礼，对方也会想着帮助你。

2. 特殊日子主动拜访

在一些特殊的日子，主动去家里拜访，并送上特别的礼物。有时礼物是否合心意，也决定着你留给对方的印象。所以送礼物之前，要先了解对方的喜好，让自己送上的礼物能投其所好。

3. 节假日邀约出行

在一些节假日可以邀约对方一起去旅行，旅行的地点最好选择对方最向往的地方，这样才能保证旅行的质量。因为好的旅行质量会加深你与对方的感情。

4. 重要场合相遇，主动交流

在一些重要的场合遇到对方，要主动帮对方端茶递水，主动和对方交流。在合适的时间展现自己的才能，更要抓住表现的机会，使自己留给对方的印象是良好的。

5. 对方有难，主动帮忙

在对方遇到困难的时候，要热情地帮助对方。相反，当你遇到难处的时候，对方就会想到你曾经的帮助，从而也会帮助你。

6. 常见面是密切感情的最佳途径

见面次数多，可提高彼此的熟悉度，让互相之间产生更强的吸引力。相反，见面次数少，哪怕时间长，彼此之间的生疏感也不易被消除，或许还会因相处的时间太长而产生摩擦。

打圆场是达人，和稀泥是好手

打圆场的暗示力：在复杂的人际交往中，察言观色不单是每个人的必修课，人们还要学会打圆场。在需要“圆”的时候圆通一些，这样才能在复杂的人际交往中有立足的根本。我们如何理解打圆场？打圆场大致是这样一个概念：调解纠纷，化解矛盾，避免尴尬，打破僵局。

“打圆场”是以特定的言语去缓和紧张气氛、调节人际关系的一种善意出发点的语言行为。“打圆场”也要讲究技巧，通过下面这个事例，你会从中有所启发：

在结束对美国的访问后，戈尔巴乔夫夫妇被邀请赴白宫出席里根总统举办的送别宴会。途经一个闹市时，戈尔巴乔夫突然做了一个决定，下车向行人握手问好。保安人员怕他有危险急忙冲下车，围上前去，为怕行人口袋里有武器，便喝令站在戈尔巴乔夫身边的美国人把手从口袋里抽出来，让行人一时不知所措。这时，还是戈尔巴乔夫的夫人比较有经验，立即向周围的美国人解释说，安保人员意思让你们把手拿出来和总统握手。顿时，气氛缓和了好多，人们亲切地同戈尔巴乔夫握手致意。正是戈尔巴乔夫的夫人巧妙的打圆场功力，将一场尴尬化解。

※ 案例解析

经研究表明，没有人愿意将自己的隐私曝光，若一旦被曝光，人们会因此感到难堪和愤怒。因此，在生活中，我们应尽量避免涉及别人的敏感区，避免让对方出丑。如果发生了尴尬，那就要运用恰当的打圆场手段去化解，圆场只须点到即止。

清末某知县陈树屏在张之洞与抚军谭继询不和的关系中就能左右逢源，巧妙将二人的矛盾化解，两头不得罪。某日，陈树屏在黄鹤楼宴请张、谭二人及其他官员。席上有人谈到江面宽窄问题。谭继询和张之洞因为五里三分和七里三分的问题争得面红耳赤，宴席上的气氛顿时变得紧张起来。陈树屏知道他二人是借机发泄对彼此的不满。为了不让气氛变得更为尴尬，他灵机一动，谦虚地向张、谭二人解释道：“江面水涨就宽到七里三分，而落潮时便是五里三分。二位大人所言非虚，都是言之有理，为何还要争呢？”张、谭二人听了陈树屏的话也明白有打圆场之意，二人顺着台阶而下，给了陈树屏这个面子。最后，二人拍掌大笑，这件事也就不了了之了。

※ 案例解析

我们在生活中离不开打圆场这种行为。从客观方面而言，别人出丑时你去打圆场，别人会因为你的解围而感激你。从主观方面而言，自己若陷入尴尬时，给自己打圆场不仅能给自己自圆其说，还能让自己摆脱尴尬的境地。

从前，有一个做事干练的道台，他做事的方式让大小官员都为之钦佩。某日，一位洋人上街，因为有些小孩子没有见过洋人，所以就一直跟着这个洋人。洋人因此而大为恼火，拿起棍子就追打那些小孩子。其中有一个小孩子因为躲避不及被洋人打在了太阳穴上致死。小孩的家人一齐上来，要捉外国人。洋人举起棍子就是一通乱打，又打伤了好几个人。这样，激起公愤，大家合力才把这个洋人擒住。这么人命关天的大事，偏巧肇事者又是个洋人，这让官员们十分棘手。

事情移交到这位道台大人这里，他马上就将和稀泥的招数用上了。他深知湖南民风彪悍，此事如果办不好，恐怕乡绅聚众闹事。不如先把官场难事告知这些乡绅，让他们聚众去外国领事馆闹事，外国领事看见老百姓行动起来就会害怕。到这时，再由官府去说服百姓。而外国领事见他压服了老百姓，也会感谢官府。于是，他马上前往拜会几个当地有威望的乡绅，要他们齐心合力去为百姓申冤，而且还为国家争了面子。此话一出，大家都一致称赞道台是个好官。

之后，他去告知领事，如果这案子判轻了，害怕老百姓不服前来闹事。外国领事听他这么一说，一看窗外围着黑压压的人群。道台又说："领事大人不必害怕，只要此事处理妥当，必然没事。"案子判完后，道台大人两边都落好。

这位道台观察了两面的情况后，出面打圆场，成功地化解了一场动乱。

※ 案例解析

打圆场的目的就是为了息事宁人，让双方都对处理结果表示满意，当然要提前根据情况做好分析，上面的故事就是个很好的例子。不管是哪个行业的人都要学会察言观色，学会"和稀泥"，懂得"打圆场"，这无疑让你在这个社会上多了立足的根本，让你比别人多了一些优势。

日常生活中，经常会遇到同事之间、朋友之间，因意见不同而造成尴尬的气氛，这种情况下该怎么打圆场呢？其实人有长短，面无厚薄。人人都有自尊，人人都要面子！有涵养的人自然懂得给别人留面子，把大事化小小事化了。即使发生了尴尬，他们也知道怎样把“圆场”打好。

“打圆场”不是阿谀奉承，它是一种从善意角度出发的语言艺术。将这种语言形式的尺度把握得当，能让你化解更多的尴尬，摆脱不利的境地。

※ 聊天要点

凡事都有诀窍，打圆场也有打圆场的学问。归纳起来，我们在社交活动中巧打圆场的学问主要有以下几点：

1. 说明真情，引导自省

当双方为某件小事争论不休时，无论对哪一方进行褒贬过分的表态，都犹如火上浇油，甚至会引火烧身，不利于争端的平息。因此，此时只能比较客观地将事情的真相说清楚，而不加任何评论，让双方消除误会，从事实中反省自己的缺点或错误，引导他们各自多做自我批评，使矛盾得到解决，达到团结的目的。

2. 岔开话题，转移注意力

如果属非原则性的争论，双方各执一词，而这场争论又没有必要再继续下去。不妨岔开话题，转移争论双方的注意力。

3. 归纳精华，公正评价

假如争论的问题有较大的异议而双方又都有偏颇，眼看观点越来越接近，但由于自尊心，双方又都不肯服输，不妨将双方见解的精华归纳出来，也将双方的糟粕整理出来，做出公正评论，阐述较为全面的双方都能接受的意见。这样，就把争论引导到理论的探讨、观点的统一上来了。

4. 调虎离山，暂熄战火

争论，发展下去就成了争吵，甚至导致大动干戈。如果双方火气正旺，大有剑拔弩张、一触即发之势。此时应冷静下来、当机立断，借口有什么急事（如有人找，或有急电），引当事人走开，暂时脱离争论。等消了火气，头脑冷静下来了，争端也就趋于平息了。

如你想让两个过去抱有成见的人消除前嫌；假如你的亲人突然碰到过去关系很坏的人而你又在场；假如你作为随从人员参加的某个谈判暂处僵局……作为第三者，你应首先联络双方的感情，努力寻找双方心理上的共同点或共同感兴趣的话题。一幅名画、一张照片、一盘棋、一个故事、一则笑话、一句谚语、一段相同或相似的经历，乃至一杯酒、一支烟都可能成为双方感兴趣的话题，也都可以成为融洽气氛、打破僵局的契机。

软硬兼施，才可有效“领导”对方

交际是一个善变、没有定局的过程，它需要软硬兼施、刚柔并济。“木直则折”，太过强硬，会显得无情尖锐；太过软弱又容易被人忽略或被人欺负。所以，一味强硬或一味软弱都不是好的处世方法，软硬兼施、刚柔并用才是好手段。

有这样一个故事：

电器公司的杜老板是个脾气非常不好的人，有时他很难控制自己的情绪，动不动就向员工发脾气。很多人都认为，他的员工肯定非常讨厌他。于是，有人想看杜老板的笑话，就专门去问了员工。

结果员工小李却说：“我们老板很好，他虽然脾气不好，但也会示弱。”

据小李说，有一次老板跟他单独说事，还没说几句暴脾气就上来了，他狠狠地敲着拐杖，冲小李喊：“这个问题我跟你说多少遍了，你怎么就是记不住？”

一旁的小李很委屈，这明明不是他的责任，是老板记错了，凭什么要记在自己头上。虽然这么想，但他又不敢说。

杜老板看小李不开口，继续狠狠地批评，骂着骂着，他忽然意识到了，这好像不是小李的问题，于是赶紧停了下来。

“那个小李，你看我刚才骂你骂得拐杖都弯了，你能不能把它弄直啊？”

小李听了顿时觉得好笑，赶紧走过去帮杜老板把拐杖弄直了。

“谢谢你啊，你真有力气，我刚才火气太大了。”

听到这里，小李虽然心里还是很难受，但也不至于太生气了。

小李刚回到家，一开门就看见妻子摆了一桌子饭菜，他非常好奇，平时这个点还没做好饭啊。

“之前你的老板给我打了电话，他说今天在公司批评你了，你的心情一定不好，让我提前多做些好吃的安慰你。”

听了妻子的话，小李又惊又喜，第二天上班时，他又恢复了以往的干劲儿和活力。

※ 案例解析

上例中的老板虽然错怪了小李，但他毕竟是上司，有自己的威严，小李不敢挑战只能自己一个人生闷气。老板在意识到自己的错误后又主动调节气氛，施与关心，如此恩威并施，小李非常受用，不但不记恨老板，还为老板的做法感到又惊又喜。

在生活中，每个人都希望树立自己的威严，让大家对自己马首是瞻，以自己为中心。所以，在人际交往中，就出现了许多“强硬派”，态度、说话方式都非常尖锐，丝毫不妥协。但这样的人往往得不到大家的认可，还会被认为难以接近。

人一旦有了这种不可侵犯的感觉，缺乏亲和力，就容易陷入困境，让谁也不愿意接近。相反，有的人在平时的为人处世中轻易不会计较，常常让步，在他人眼中，他们亲和力十足，一点自己的锋芒也没有。适当的软弱是一种智慧，但凡事有度，“柔”过了就变成了懦弱。如果一直毫无原则地退步、妥协，也很难得到别人的尊崇。

软、硬都有自己的优势和劣势，两者太过都不是明智的处世之举，二者结合，刚柔并用才是上策。就比如，生活中只用一种方法办事是很难行得通的，单一的方法存在缺陷，只有软硬兼施、刚柔并济才能把事办好。

众所周知，人都是感情动物，通常我们对他人友好、以诚相待，对方也会喜欢我们。但在交际中，我们可能会遇到很多交际高手，有时一不注意就容易掉入他们的语言陷阱。这时，我们不妨采取恩威并施的策略，不卑不亢地跟他们周旋。总之，只有把恩威并施的方法运用到人际交往中，才能更有效地领导他人，赢得对方的尊敬和赏识。

在使用软硬兼施、刚柔并济的手段时，可以找人来配合自己。一个强硬，一个软弱，一个唱白脸；一个唱红脸，如此更容易发挥恩威并施的作用。

在一本写关于企业的杂志上看到过一个例子：

天衣公司接到了一笔大单子，负责洽谈业务的小赵遇到了难题，对方说要从他们公司预订2000件衣服，但价格要优惠20%，小赵当然不能答应。

于是他就跟主管上演了一出刚柔并济的好戏。

小赵和客户还在交谈，主管推门进来，态度非常强硬：“我们公司的衣服质量有保证，而且款式新颖，最多让利10%，多一点也不行。”说完，主管就出去了。

“我们主管就是这暴脾气，你别太在意。”小赵赶紧打圆场，开始用“柔”术，“不过我们公司的衣服质量确实好，肯定是畅销货，到时候你还怕没有大利润？”

就这样，在主管和小赵的“软硬兼施”下，客户没有再提过分要求，顺利签下了订单。

※ 案例解析

在必要的情况下，我们可以找人唱“白脸”，自己唱“红脸”。对方会感觉“白脸”的人不好惹，必须谨言慎行；紧接着遇到“红脸”，对方会顿时感觉松了口气，非常庆幸。两者交替，很容易达成自己的目的。

总之，在交际中会遇到各种各样的人，有些人你对他好，他就会觉得你好欺负、不买账。这时，有必要转换自己的社交策略，用强硬的态度与之斗智斗勇，反而会更有效。

一味软弱，会让人轻视；一味强硬，又会树敌。只有软硬兼施、刚柔并济，才能游刃有余地处理人际关系，变被动为主动，灵活地游走在交际中。

※ 聊天要点

1. 对方强硬，你也不能软

在交际中，不是只有以和为贵，也不是只有剑拔弩张。在必要的时候，要敢于用强硬的手段对付别人，尤其是对方触碰到自己的原则或欺人太甚时，一定要予以坚决的反击。这样的人通常都是欺软怕硬，如果一味地对他们忍让，最后只会输得更惨。相反，如果你表现出更强硬的态度，通常他们都会乖乖就范，知难而退。

2. 考察好对象，再决定用什么方式

还有，在使用软硬兼施的手段时，要考察好对象。如果对方占据了足够的优势，或者是经验丰富的老手，最好放弃恩威并施的策略，这样他们很容易察觉到；如果对方经验不足，同时处于被动地位，这时刚柔并济的方法就是最好的方式，并且很容易达到理想的效果。

3. 对方妥协，你也要懂得给台阶

如果在交际中，对方的语气忽然软了下来，那我们也不需要再紧绷着，甚至气焰嚣张。过分强硬只会让对方下不了台，一旦刺激到对方，很容易引起仇视心理，不利于计划的顺利进行。

对方态度变好，就说明他已经选择了妥协，之后只要慢慢说服，给足对方面子就能达到目的。没必要过分强硬，得理不饶人。

必要时，“丑话”就得说在前面

在聊天中，大都以和为贵、彼此尊重、互相体谅，尽量不说“丑话”。但在必要的情况下，我们要把“丑话”说在前面，给对方一个心理准备，让对方有所警觉。如果忽略了这些，以后出现了麻烦，就有些说不清道不明了。

很多时候，说“丑话”不是为了给别人难堪，而是提前达成“君子协议”，在彼此清楚的情况下往来，目的就是减少不必要的麻烦。

我一个妹妹叫杜文，是一个长得非常好看的姑娘，但她的外号却是“丑小姐”，这是为什么呢？其实是因为杜文在跟人交往时，有什么事都会提前说，不会等不愉快发生了之后再说。

“小文，有些‘丑话’你没必要提前说，很多时候别人听了会不高兴。”有朋友不理解杜文的行为，认为她不但多此一举，还容易得罪人。

“我不觉得那些‘丑话’有什么不好，也许不是很好听，但都是必要的大实话。”杜文认为这样才是对的。

有一次，同事家里有事，来跟杜文借车。

“小文，我家的车坏了，我想问你借车可以吗？”同事询问道。

“当然可以，你需要借几天？”

“大概三五天吧，你这两天用吗？”同事怕自己借走太长时间，耽误杜文的事。

“我暂时不用，”杜文开玩笑似的说，“车子时间长了，发动机不怎么好用，使用时间长了容易熄火，你要注意点，万一误事了可不要怪我啊。”

同事早就习惯了杜文的说辞，没说下文就直接把车开走了。

同事一家开车旅游，结果途中下起了雨，路不好走，车子陷入泥坑怎么也出不来。加大油门时发动机忽然熄火了，车子怎么也打不着火。

“杜文这是什么破车啊？真倒霉。”同事一家连声抱怨，那天等雨停了他们才找人把车修好。

同事在还车时，满脸不高兴，杜文说：“我早跟你说过了，你还坚持借车，这可不能怪我啊。”

没办法，同事一想是这么回事，再也不好说什么了。

※案例解析

如果杜文没有把“丑话”说在前面，同事经历了淋雨事件后肯定会责怪杜文把有毛病的车子借给她，她难免会心生不满，影响彼此之间的关系。现在，同事虽然不高兴，但也怪不到杜文头上，毕竟人家已经提醒过了。

在交际中，维护好人际关系还是为了自己的利益，这是不争的事实。在交谈时，我们也可以要求得到适当的好处。在面对利益问题时，不妨大胆直言，不要因为不好意思，就把什么都藏在心里。只要“别人明白了就好”还不够，很多时候把话说出来才可靠。

“这怎么好意思说啊？”“说了别人会不会生气啊？”有些人在跟人相处时总抱着这种心理，宁愿自己心里苦，也不说“丑话”。但事实证明，如此下去，你的心里只会越来越苦，得到的也会越来越少。

说“丑话”时首先要注意自己的语气，不一定要一本正经，非常严肃。完全可以用开玩笑的语气跟对方说，既轻松又能达到自己的目的。

我一个朋友刘丽是个大大咧咧的女孩子，做什么事都很粗心，经常丢三落四，用她妈妈的话来说就是：“你什么都能弄丢，就差丢了自己了。”

朋友们都知道刘丽的性格，很多时候大事都不敢找她帮忙。

刘丽有一次和我借了本书，我和她说：“丽丽，这本书不错，你要好好看，还要好好保管。要是弄丢了，你可要赔我！”我开玩笑似的笑着说。

刘丽认真记住了，笑着保证自己不会弄丢。

※案例解析

朋友用玩笑的方式把“丑话”说在了前面，刘丽不但没生气，还用心记在了心里。这就是好方法起到的好效果。

在说“丑话”时要说清楚前因后果，让对方知道这么做的好处和不做的坏处，从而在心理上接受你的“丑话”。

有些人一开口就是“丑话”，其他的什么也不说，这样很容易让对方心里不服气。在说之前，多下工夫，跟对方解释清楚，尽量把后果说得严重些，让对方重视。

在跟敏感或重要的人说“丑话”时，语气要诚恳、委婉，如果说重了，对方会承受不住或者对自己不满。在必要时，要把自己放低，抬高对方，这样对方就更容易接受了。

有一次看杂志，看到过这样一个故事：

徐主管是公司里的元老，职位不高但资历很深，很多人跟他说话都很小心，生怕得罪了“危险”人物。

刘经理年纪轻，说话做事很有策略。

“徐主管，我要诚恳地拜托您一件事，”刘经理一开口就说得很真诚，“公司制定了新规定，谁要是完不成任务，就会扣奖金。您是公司的元老，我就拜托您起好带头作用了。”

刘经理几句话就说得徐主管非常高兴，他自然知道自己完不成任务同样会扣工资的事实，但还是欣然接受了刘经理的“丑话”。

※ 案例解析

说“丑话”也要看对象，不同对象说的方式也不同。掌握了正确的说话策略，才能在办好事的同时又不得罪人。

在聊天中，很多时候“丑话”是必不可少的，既然不能避免，那我们就尽量把它说好，既能达到交谈的目的，又不得罪人，还能体现自己的交际能力，得到他人的欣赏和尊重。

把“丑话”说在前面就等于打了预防针，给人警示又让对方做好心理准备。必要时还能维护自己的利益，避免承担不必要的责任，减少事后麻烦。

※ 聊天要点

1. 说“丑话”有原则

不到必要时不要随便开口，如果非要说“丑话”，就一定要好好说，不能得罪人。

要想说好“丑话”，就必须对其有正确的理解，跟人坦白说出自己的想法，是一种很自然的行为。每个人都有自己的苦衷，都有适当的需求，不能为了维持关系，就一再委曲求全，不说难听话。如此，必然会一事无成，心中的不平也会加深。

2. 涉及利益和责任，“丑话”必须说前头

尤其是在涉及利益或责任问题时，一定要把“丑话”说在前头。很多朋友都因为利益问题发生纠纷，导致最后不欢而散。大都是因为之前话说得不够透彻，后面的矛盾、麻烦才会一直出现。

责任也一样。一旦需要负责时，如果前面没有说“丑话”，我们本能地就会开始推诿，甚至撕破颜面、老死不相往来。仔细想想，这是比说“丑话”更糟糕的后果。

3. 掌握好“丑话”的诀窍

说“丑话”的方式有很多，掌握技巧后，“丑话”也可以说得很好，也能让别人甘愿接受，还感觉甘之如饴。

时机不到，适时沉默是最好的选择

俗话说得好：“聪明的人根据经验说话，更聪明的人根据经验不说话。”如果说话的时机不到，适时的沉默是最好的选择。让别人亮出底牌自己再行动，就会掌握主动权，达到无声胜有声的效果。

很多人在谈判交际的时候都想达到自己的目的，但一时又无法揣度别人的心理底线。如果我们学会保持沉默，往往就能将自己的利益最大化。

我朋友王先生的公司出了些问题，需要找理赔公司赔偿。之前，很多有经验的交涉专家提醒他，那些理赔员往往都能说会道，擅长打心理仗。如果不懂交涉方法，很容易吃亏。

我给他出了个主意，说保证能让他获得最大价值的赔款。

第二天，理赔员来了，一进门就对王先生说："先生，我们公司派人了解了您的情况，但估计赔偿不了多少，毕竟规定在这里，我们也不能违背。"

王先生低着头深思，一言不发。

过了一会儿，理赔员沉不住气了，开口道："我们公司最多赔偿您 2000 元，这是规定。"

王先生露出不可思议的神情，看了理赔员好一会儿后才说："你这个价钱我接受不了。"

理赔员佯装为难地叹了口气，说："2500 如何？再多我就拿不了主意了。"

这下，王先生更沉默了，一个字也不说。

理赔员有点儿慌了，开始反思自己是不是给得太少了。"那……那给您 3000 怎么样？这个价您可以接受了吧？"

王先生犹豫了好一会儿，才慢悠悠开口："我真不知道，现在居然还有这个价格。"

理赔员一下子就泄了气，暗忖自己遇到了谈判高手。

"那就 3500 吧，这个是目前最大额度的赔偿了。"

"是最大的吗？我觉得不是吧。"王先生又陷入了沉默，好像在盘算什么。

"先生，您到底是怎么想的？您能不能不要总是沉默？您到底想要多少？"理赔员完全失去了冷静，但王先生还是不说。

"3800 元，如果这也不行，我就再也无法跟您交谈了，很抱歉。"这才是目前理赔公司最大的理赔金额。

“好吧，这个还可以，我可以接受。”就这样王先生通过保持沉默，逼迫理赔员亮出了底牌，让自己得到了最大的收益。

※ 案例解析

在交际时，我们难免遇到聊天高手。如果不懂沉默、滔滔不绝，很容易把自己的底细和弱点全部暴露给对方，如此必然会成为被动的一方。事实证明，在我们不知道对方的底牌时，保持沉默是最好的选择。

事实上，跟人交涉就是一种心理上的博弈，恰到好处的沉默能很快摸清对方的底细。如果我们善于观察，会发现沉默是一种自信的表现。缺乏自信、没有底气的人才喜欢通过喋喋不休来掩饰自己的弱点。这样的人最害怕别人沉默，那样他们的心理弱点就暴露无遗了。

就拿销售来说吧，买家与卖家就是在彼此试探对方的底牌，谁先亮出底牌，谁就变得被动。聪明的卖家不会轻易放弃一单生意，他们会通过沉默来让对方亮出底牌，说出最高的价格。只要坚持沉默一下，生意通常就成了。

沉默的力量是很大的，所有人对沉默都有好奇心理和恐惧心理，合理地运用它会产生明显效果。

比如，在一个嘈杂的环境中，谁也无法让其安静下来。如果我们大声指责、喋喋不休地喊话，很难起到作用。大家习惯了嘈杂，你喊得声音越大，大家越难以关注你。反过来，如果一个人什么也不说，沉默地站在讲台上看着大家，什么也不用做，慢慢地，就会引起大家的关注。因为沉默给了大家一种无声的压迫感和恐惧。这就是大家的心理底线。

当然，我们这里说的沉默不是一言不发、装聋作哑，而是一种坦然、成竹在胸的气度。用沉着冷静的姿态，透露给对方胜券在握的感觉，让对方自动亮出底牌。

如果把沉默当作一味的妥协，就等于完全放弃了获胜的机会，只能在沉默中死亡。这里所说的沉默的真正意义就是“攻心为上”，用沉默给对方压力，让对方主动亮出心里的底牌。

那么在跟人交际时要怎么把沉默发挥好呢？其实不难，我们可以沉默，但一定要表现得自信满满，让人感觉到你内心的自信和强大。

看过一篇故事，很有意思：

刘成在一家科技开发公司工作，他的一项发明又获得了专利，很多公司都来跟他谈收购价格。刘成思考良久，找到了一家不错的公司。

“刘成先生，我们公司很想购买你的专利，你出个价吧。”谈判人员想让刘成主动开口。

刘成想了想，说：“我的发明有非常大的发展前景，如果你们公司得到了，相信会有很大的利润。”

说完之后，刘成不再言语，他自信满满，坦然地看着谈判人员。

几分钟过去了，刘成依然没有要开口的意思。

谈判人员终于按捺不住，率先开口：“我们给你40万美元怎么样？”

刘成一听，顿时心花怒放，这比他预计的价格高了10倍不止，他连忙点头答应，跟对方签订了合同。

※ 案例解析

刘成对自己的专利充满信心，把发明的价值说完后，就开始沉默，把亮出底牌的机会让给了对方。也正是因为这种坦然、自信的沉默，让谈判人员相信了专利的价值。

如果在谈判中，你感觉非常恐惧，一时又不知道如何表达自己，这时不妨用沉默来掩饰自己。对方不停地雄辩，哪怕说得再有道理，如果你面带微笑、淡然沉默，他也会变得越来越没有底气，甚至慢慢变得受煎熬，继而亮出自己的底牌，由主动变被动。

对于外向的人来说，有时保持沉默是一件很困难的事，他们习惯了口若悬河地诉说，习惯了把自己暴露在外面。如果不懂约束自己，在交谈中只能站在不利位置。

“雄辩是银，沉默是金。”在心理博弈中，沉默可以传达出很多信息。它不是简单的不说话，而是一种威慑，它的力量是显而易见的。所以，我们要学会保持沉默，掌握交际的主动权。

※ 聊天要点

1. 用沉默掩饰恐惧，一定要保持微笑

用沉默来掩饰自己的恐惧时，一定要面带微笑，不能局促不安，让人一眼看穿。这时你表现得越淡然，沉默的力量就越强大。

2. 沉默让你看起来更加自信

在心理拉锯战中，沉默拥有巨大的力量；在唇枪舌剑中，沉默是自信的表现，能让对方产生心理恐惧，是一种重磅武器。适当的运用，必然会让对方因承受不住压力而就范，亮出底牌。

3. 多锻炼保持沉默的能力

平时要多锻炼自己保持沉默的能力，可以通过听钟摆来磨炼自己。钟摆的每一声都在证明，你沉默的时间又持续了一秒钟。如此，慢慢就会培养出适时保持沉默的能力。